le 4 janvier 1999,
Jour de la naissance
de Lucas,

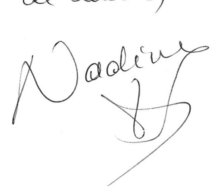

NADINE DECOBERT
LETTRE A FRANCA

Collection CIRCONSTANCES

Nous remercions le Conseil des Arts du Canada de l'aide accordée à notre programme de publication.

ISBN 2-89396-178-9

Dépôt légal – 4ᵉ trimestre 1998
Bibliothèque nationale du Québec
Bibliothèque nationale du Canada

Photo de la couverture: Nadine Decobert

Imprimé au Canada

990 Croissant Picard, Ville de Brossard, Québec, Canada J4W 1S5
Téléphone/Télécopieur: (450) 466-9737
humanitas@cyberglobe.net

Nadine Decobert

Lettre à Franca

(Journal d'une enseignante)

Postafce d'Emile Ollivier

HUMANITAS

Votre rôle est d'être un enseignant, pas un penseur.

L'enseigneur, Jean-Pierre Dopagne

Notre société a une plaie, c'est l'absence.

Un directeur d'école, à la rentrée 1998.

Depuis quelques années, réfléchissant à diverses situations vécues en classe, me venait l'envie d'*écrire* un journal.

Les classes d'accueil, ainsi que toute voie parallèle d'un système, n'étaient-elles point en effet propices à la réflexion, à l'observation?

En plus de refléter ce qui, au quotidien, m'atteignait, me préoccupait, ce journal aurait été l'occasion d'un retour sur mon enseignement. Occasion également d'une réflexion à propos de la réalité scolaire en relation avec le contexte social...

Lorsque le gouvernement du Québec, par le biais de la commission des Etats Généraux de l'Education, a procédé à cette vaste consultation populaire, ayant moi-même participé aux débats, mon intérêt s'est accru.

J'ai donc entrepris, à la suite de cela, de noter plus systématiquement anecdotes et faits significatifs de mon quotidien en classe.

Aux anecdotes se sont ajoutées mes réflexions à bâtons rompus, ce qui complète l'histoire, vivante, ouverte, vécue avec un groupe d'élèves. Cela, par moments, peut donner une impression de discontinuité ou du moins de variation dans le ton.

La situation du Québec n'est pas sans rapport avec ce qui se vit ailleurs dans la francophonie: en Belgique, en France... Considérer ce point de vue m'a paru important. En outre, le recul dans le temps confère à ce journal un côté fiction. Ceci m'amène à préciser que mon but n'était pas de pointer un lieu, des personnes en particulier, mais de permettre l'éloignement, le regard.

Pour citer Philippe Haek, écrivant et pédagogue montréalais: *L'écriture, la bonne, mène à plus de vie entre moi et les autres, mène à des échanges, des affirmations, à la polyphonie où je me perds trouve tant qu'il y a de la vie.*

Puisse ma voix, si petite soit-elle, participer de la vie. Puisse ce récit-journal constituer mon témoignage transmis à mes semblables.

NB: Il peut arriver qu'un paragraphe daté ultérieurement se glisse parmi les anecdotes de l'année en cours; il s'agit d'un ajout volontaire, qui ne devrait pas briser la trame de l'histoire.

PREMIERE PARTIE

LA CORRESPONDANCE D'UN AUTRE DEBUT

3 septembre 96

Quelqu'un a dit qu'une lettre est, dans l'attente, ce qui précède la tendresse... Grande est ma hâte ce soir de savourer cette correspondance volumineuse à moi seule adressée.

Car tous, sans exception, m'ont écrit!

Je n'y croyais pas tellement pourtant, lorsqu'à brûle-pourpoint j'ai lancé: «Est-ce que ça vous dirait de m'écrire? *Je veux dire de m'adresser une lettre?*» Au fond de la classe, une main s'est levée: un garçon, un Libanais d'origine palestinienne qui, depuis les premières minutes, me toisait, l'air goguenard.

– Moi, j'aime pas écrire. Jamais j'écris de lettres! m'a-t-il balancé.

Par ailleurs, la perplexité se lisant sur les autres visages (lui écrire, à elle, on la voit toute la journée!), il était urgent d'élaborer...

– Vous venez d'arriver à Montréal, ce qui a sans doute occasionné des changements dans votre vie. Cette lettre serait l'occasion de vous présenter. De me faire savoir qui vous êtes, quelles sont vos aspirations, vos projets à court ou à long terme...

Puis, fixant résolument mon interlocuteur, *l'homme* qui n'aime pas écrire:

– Au moins, de me faire connaître tes buts. Ta lettre peut être courte; tout bonnement dis-moi ce que tu aimes... au contraire parle-moi de ce que tu exècres... (Là, j'avais conscience de m'engager un peu plus sur un terrain glissant).

Croyant déceler un brin d'intérêt sur les visages – des filles, majoritairement; quoiqu'on ne sait jamais! – j'ai continué:

– Peu importe votre niveau en orthographe, en grammaire. Il pourrait même y avoir un ou deux mots écrits dans votre langue. L'important est que nous parvenions à nous comprendre. Ceci n'est pas un travail noté, corrigé. La lettre que vous m'adresserez doit simplement être lisible, propre. J'aimerais savoir ce qui vous préoccupe; peut-être pourrais-je vous conseiller, vous aider.

– Non, il n'est pas totalement impossible que d'autres personnes la lise...

Ces lettres, vais-je toutes les publier?

Par ailleurs, ne vaudrait-il pas mieux leur proposer d'écrire une histoire; leur histoire? Une pièce de théâtre; leur pièce? Un roman; leur roman?

Mais comment, de but en blanc, décider cela, moi, qui n'ai jamais écrit de roman? Moi qui n'ai jamais osé.

Moi, qui n'ai jamais écrit ma propre histoire!*

Le fait que tous m'aient répondu est-il vraiment significatif? Il n'y a peut-être là qu'habitude de se conformer à ce que dit le professeur. Jouer le jeu serait plus commode que protester.

Il n'en reste pas moins qu'écrire, pour eux comme pour moi, est ECRIRE A QUELQU'UN... (Etre l'espoir des jeunes, après tout, cela est notre fierté.)

Leurs lettres, suivant ma première idée, vais-je les faire lire à d'autres profs, ceux qui enseignent à ce même groupe?

A bien y réfléchir, il est préférable que cela reste entre eux et moi...

Outrageusement, choisir celle-ci; la publier. L'autorisation ne m'en sera de toute façon point refusée!

> *Comment t'allez-vous? Je veux dire que tu es une bonne prof et vous êtes gentille avec nous et vous expliquez bien. Moi, je un seul problem, que il faut que je vais aller à la secondaire. S.V.P., aide-moi. Je vais faire tout ce que tu veux. Merci de lire mon lettre. Ali*

---

* Vivre soi-même ce que l'on va ensuite enseigner, tel était le principe de base des Méthodes d'Education Active, héritées de Célestin Freinet, auxquelles je fus formée.

4 septembre 96

Par l'écriture, une passerelle a été jetée, aussi devrais-je me réjouir. Pourtant, la pédagogue en moi immédiatement questionne.

Car, pédagogiquement, la question de l'introduction des techniques de l'ordinateur d'ores et déjà m'est posée. Quelles en seront les conséquences sur mon enseignement? De fortes sommes sont allouées cette année par le ministère pour l'achat de matériel informatique.

Pourquoi ignorer ce courant? D'ailleurs, au lieu d'une lettre manuscrite, ne pourrais-je leur adresser ma réponse par le biais de l'ordinateur?

J'ai tôt fait d'imaginer un petit jeu: une lettre truquée dans laquelle sont cachés un message, des proverbes, le tout enregistré sur disquette, pouvant être transféré ensuite au labo de l'école. Ceci serait pour les étudiants l'occasion d'un premier contact avec l'ordinateur et le traitement de texte Word (à commencer par les fonctions du clavier).

De l'idée à la réalisation, normalement il n'y a qu'un pas.

En réalité, quelle prof moderne je fais! Je suis moi-même incapable actuellement d'utiliser le nouveau traitement de texte!

Avant son départ en voyage, mon fils, aidé de ses amis, s'est pourtant amusé à transformer mon ordinateur; *l'upgrader* comme on dit.

Mais jusqu'ici, mes laborieuses prises de contact avec la nouvelle technologie Windows 95 et le traitement de texte Word n'ont abouti qu'au découragement. Mon petit jeu, je le présenterai donc plus tard (heureusement, pour l'écriture et les fiches de français, il y a ce bon vieux WordPerfect 5.1).

5 septembre 96

«Avec quelle application complètent-ils leur horaire!» Appuyée contre le mur du fond, je les observe de dos. Pendant ce temps, Youssef, l'éducateur-conseiller achève de distribuer les agendas

(nos précieux éducateurs-conseillers, nous allons probablement bientôt devoir nous en passer!)

Ce début d'année me voit un peu songeuse: en ce qui a trait aux classes d'accueil, en relation avec les nouvelles tendances à favoriser l'immigration des francophones, des changements s'annoncent.

Le premier jour, la présence de plusieurs Algériens dans ma classe d'accueil n'a d'ailleurs point été sans m'étonner: ceux-ci s'expriment en français!

Pourtant nos évaluations de début d'année ne sauraient mentir. Suite à ces tests portant sur la compréhension et l'expression écrites (l'orthographe, la grammaire, etc.) un certain nombre de nouveaux venus ont d'ailleurs été inscrits immédiatement en classes régulières.

Reste donc ceux pour qui le séjour en classe d'accueil pourra varier entre quelques mois et une année (une intégration a lieu en novembre, une autre, fin janvier).

A la salle des profs, durant la sacro-sainte pause café, mes collègues échangent leurs premières impressions. Sont présents Alain, professeur de biologie, Sylvie, notre sympathique et efficace secrétaire; également Jeanine, qui enseigne le français au secondaire II et III, Jean-Luc, le directeur-adjoint responsable du secondaire III et de l'accueil. Mario, quant à lui, se désole de n'avoir pas gagné à la Super loto. En mathématicien soucieux de ce qui pourrait un jour se compter, à savoir *le gros lot* (le magot), il nous incite à rejouer avec lui.

Pour un jeune diplômé, le magot, ce serait le contrat, la job enfin décrochée; car au sujet de l'emploi, tels sont ces jours-ci, les titres des journaux: ...VERITABLE DESASTRE... L'EMPLOI EN CHUTE LIBRE AU QUEBEC!...

– Avoir un boulot pas trop mal payé, qui de surcroît ne nous déplaît pas, de nos jours, c'est un privilège. Moi, je n'en demande pas plus, dit Gisèle, prenant place à son tour et faisant le plein de caféine!

– Etre en bonne santé, c'est aussi une chance, d'ajouter Françoise, une autre collègue, à peine remise de son hospitalisation.

Pour ma part, je me félicite d'être en bonne forme et souhaite que cela dure.

«The times're changin», chantait Dylan – il y a déjà trente ans de cela – , «You've better start swimming or you'll sink like a stone...»

Après le repas, une de *mes filles*, Yin, Chinoise, vient me rendre visite.

Indépendamment de ce qui, il y a quelques années à peine, alimentait la paranoïa américaine – à savoir le péril jaune –, il est à remarquer que peu de Chinois ont à ce jour immigré au Québec.* L'éloignement géographique, la difficulté de la langue en seraient les causes uniques.

Personnellement, je n'ai connu que trois ou quatre élèves chinois (chez nous les Honkongais furent à peine plus nombreux).

Quant à l'aimable Yin, il me fait plaisir de vous la présenter.

Chaque soir, Yin travaille au dépanneur. Agée de dix-sept ans, elle tient souvent seule la caisse.

– Certains jeunes garçons me disent méchante, me confie-t-elle, car je refuse de leur vendre de la bière ou du vin! Et elle tient à ajouter: Ma mère aussi me dit que je suis méchante, car je n'ai pas pleuré en quittant la Chine. Puis: Le français, c'est très très difficile pour moi.

De cela, je n'ai aucun doute (combien de fois ai-je entendu cette phrase!) Malgré tout, m'est avis que le français n'est pas si difficile qu'on le croit...

A Yin, je m'empresse de proposer mon aide pour ses travaux. Je lui propose également de converser le midi après chaque repas, de l'aider à faire connaissance avec des élèves de son âge.

---

* Ce, malgré de récentes statistiques faisant état d'une importante proportion d'Asiatiques parmi les nouveaux venus.

6 septembre 96

Mes chers élèves,

L'idée m'est venue qu'il serait intéressant de poursuivre la correspondance commencée. Qu'en dites-vous?

Je vous lirais mes textes. A votre tour, vous me liriez les vôtres...

Apprentis écrivains, apprentis lecteurs, apprentis communicateurs, vous et moi, incessamment serions.

Votre professeur.

APPRENDRE EN LEUR APPRENANT

1. La lumière des envols

8 septembre 96

> *A Palma Soriano,*
> *Danser le son*
> *Chercher des femmes*
> *Au petit matin;*
> *A Palma Soriano*
> *Au petit matin.*
> *Dans le train qui part*
> *Au petit matin:*
> *Danser la rumba*
> *Au petit matin*
> *Accorder les tambours*
> *Au petit matin...*
>
> Alejo Carpentier,
> *Ekoué-Yamba-Ó*

En plus d'Alejo Carpentier, dans ma bibliothèque, quelques auteurs: Nicolas Guillén, Carmen Laforet, Jorge Timussi... des livres achetés à Cuba.

Soudain, m'y voici revenue...

Trinidad de Cuba. Quelques bribes d'un voyage. En ce qui me concerne, le troisième au paradis-enfer de Fidel.

Le museo Romantico. Le sommet de la Torre Iznaga, à moins que ce ne soit la Torre de San Francisco... (?) Un gardien armé y surveillait autrefois les plantations de canne à sucre. Malheur à l'esclave qui essayait de s'enfuir!

Nous sommes descendus à l'hôtel Ancon, construit sur une magnifique lagune, au pied des montagnes. A quelques kilomètres, sur la route de Trinidad (douze km), Casilda, le petit village d'Irina, rencontrée la veille lors d'un premier tour à bicyclette.

Nicolas et moi allons la retrouver ainsi que ses enfants et son mari. Verre à la main, nous discutons en buvant le café. Aux alentours, la pauvreté. Les sourires étant inversement proportionnels, est-il café plus apprécié?

Sur nos bicyclettes de location nous aurions pu être assaillis, nos sacs volés. Mais nous sommes à Cuba, n'est-ce pas? par conséquent pas grand risque de ce côté! Les quatre voisines sont arrivées. Ainsi que prévu, nous avons apporté un paquet pour chacune: des vêtements, du lait concentré, des savons, des flacons de shampoing, des biscuits... Et aussi, deux suces de bébé. «N'oublie pas», avait insisté Irina, «la suce!» A la tienda, la boutique pour touristes, j'en ai acheté deux. Emus, Nicolas et moi regardons nos amis déballer leurs cadeaux.

La veille, j'avais tenu à mettre les choses au clair, faisant mentalement l'inventaire de cette valise préparée spécialement en vue de notre voyage à Cuba: «Il y aura quatre paquets, pour quatre mères de famille, et aussi des petits cadeaux pour les enfants», avais-je précisé à Irina. «Je t'attendrai ici, à l'entrée du village», avait-elle déclaré, décidée à monter la garde et *accueillir* en personne nos cadeaux.

Promesse tenue. Nous étions là.

Sur la route, avant la maison d'Irina, une ribambelle d'enfants était accourue. L'un d'eux, en pleurant, insistait: «Un abrigo, por favor, Señora, da me un abrigo!» Mais à emporter un manteau, en quittant Montréal, je n'avais point pensé. Au bord de la mer des Caraïbes, en plein mois de janvier, qui pouvait deviner que la température atteindrait les douze degrés! Le petit bloc de papier, un stylo, des bonbons: «Para te, niño».

C'est tout ce que j'avais offert à l'enfant d'environ quatre ans, vêtu seulement d'un vieux T-shirt et courant pieds nus sur le chemin de terre.

La maigreur des vieillards nous avait frappés. L'un d'eux, pinçant l'étoffe vieille sur son genou décharné, avait demandé un pantalon. Nous avions compris que les vieux se privaient de manger pour les petits. Quelques femmes, jeunes et vieilles, nous avaient tendu un papier, leur adresse écrite.

«Ils savent tous lire et écrire au moins ici!», avait dit Nicolas, rompant le silence, sur le chemin du retour.

Oui, il savaient lire et écrire. Mais d'huile, de beurre, de corps gras pour cuisiner, ils n'en avaient pas eu depuis quatre ans. Dans l'avion, au retour, le sourire d'Irina m'obsédait. Irina, son petit dans les bras. «Le troisième et dernier», avaient-ils affirmé, son mari et elle.

Ça, c'était la dernière fois. Par rapport à la fois précédente, la situation avait nettement empiré.

A l'intention de Nicolas, faisant allusion à mon précédent voyage, il y a de cela sept ou huit années, j'ajoutai: «La dernière fois, ils vivaient tout de même mieux les Cubains!»

Cuba. Paradis, enfer...

Prenant la relève des sanguinaires conquistadores assoiffés d'or, il y avait eu les négriers attirés par la canne à sucre. Ensuite, avant Castro, Cuba fut le bordel des Américains...

Tout à prendre, il y avait. Et qu'a-t-on offert à Cuba, que lui a-t-on donné?

Qu'y avait-il, ces dernières années à Cuba, qu'on ne pouvait plus prendre?

En ce dimanche soir, à Montréal, de nouveau je pense à tout cela.

J'ai pourtant d'autres préoccupations que ces souvenirs de voyages:

A peine rentrée d'une fin de semaine de bicyclette, j'ai découvert que l'on a essayé de pénétrer chez moi par le balcon. Sans doute est-ce l'attrait de l'ordinateur *upgradé*?

Je leur avais bien dit, à Nicolas et ses copains, qu'ils manquaient de prudence à travailler ainsi portes et fenêtres ouvertes, laissant le son du Windows 95 retentir à chaque mise en marche:

«Fiston, le diable, il ne faut pas trop le tenter!»

Mais de Nicolas, ce soir, point.

Pendant qu'avec des amis je parcourais cette fois l'île d'Orléans, deux grands escogriffes – à en juger par la dimension des traces d'espadrilles, visibles sur les chaises de balcon – ont essayé d'entrer. Dérangés sans doute en plein travail, il n'ont pas réussi, heureusement. Près de la porte-fenêtre, l'ordinateur est toujours en place.

Du travail de gamins, d'amateurs! Pour ce qui est de la porte, une petite réparation suffira.

N'empêche! Je me sens troublée. Afin de discuter de l'utilité d'un système de sécurité, Eric s'est offert. Demain, il viendra. A ce niveau de la rue, je ferai au moins en sorte que l'on n'ait plus envie de revenir...

L'ordinateur. Un appartement. Une hypothèque que je continue de payer. Mes richesses. Entre l'achat de mobilier et celui d'un billet d'avion, le choix a par ailleurs toujours été facile à mes yeux...

Malgré cet intermède désagréable, Cuba a retrouvé sa présence.

Prénom: Lisbeth, âge: seize ans, niveau d'études: secondaire III. Pour faire connaissance avec mes nouveaux élèves, à la rentrée, je lis toujours avec soin chaque fiche de renseignements.

Essayer ensuite de rejoindre M. au téléphone. Faute de me réfugier dans ses bras, au moins lui raconter la tentative manquée de cambriolage.

Mais M. n'est pas chez lui. Du reste, nous nous voyons à présent si peu souvent...

Me distraire, chasser la tension. Regarder quelques photos. Aller au lit, en compagnie d'un bon livre.

Montréal, les voleurs d'ordinateurs, quelle importance après tout?

La peur, ce soir, n'est jamais que subtil dosage de virtualité et de réel. Accroupie au fond d'une tranchée, en plein cyclone, aux côtés d' Alejandro Carpentier, me voilà entraînée au cœur d'une tornade cubaine!

9 septembre 96

Lisbeth, de la Habana.

Volubile, elle m'explique à quel point elle veut réussir:

— Les premiers mois de mon arrivée, en mai dernier, dit-elle, je ne pensais qu'à profiter de ma liberté: magasiner, aller danser.

24

Dans la classe, je me laissais distraire par l'un et l'autre. Maintenant, je suis déterminée à réussir.

Elle m'explique qu'elle aimerait devenir avocate. Prendre la défense des autres lui plaît. Elle croit en la justice et se voit justicière.

Elle me parle de son ami québécois, un garçon plus jeune qu'elle.

Lisbeth aime le protéger et, depuis qu'ils se connaissent, Dominique semble aller de découverte en découverte; car, bien sûr, Lisbeth fait en sorte de lui ouvrir les yeux, à ce gamin qui n'aime pas trop «se forcer»!

Amusante, sympathique, Lisbeth. Un tant soit peu matrone, ou passionaria. Pleine de feu, de soleil, en tout cas!

– Le local d'informatique, j'aimerais y aller, dit Lisbeth.

– Je suis moi-même en train d'apprendre à l'utiliser. Patience, il sera bientôt à la disposition des étudiants le midi. Au fait, connais-tu Zoé Valdés, Lisbeth?

– Non. Si tu me donnes les titres, je vais aller chercher à la bibliothèque.

La Habana. En ce lundi soir encore, les fugitives images de mon premier voyage viennent un instant me hanter.

Le visage de José; sa réserve, sa mince silhouette, sa peau foncée... Dans son taxi, il nous avait guidées toute la journée, les deux Torontoises rencontrées à l'hôtel et moi-même.

– Avant mon divorce, j'étais infirmier.

Il est vrai que dans son deux-pièces bleu pâle aux manches courtes, José, le chauffeur de taxi, ressemble presqu'à un infirmier...

– Toi, tu es mariée?

– Bon, je l'ai été pendant huit ans...

Cuba, quelle simplicité, quelle chaleur. Quelle amabilité!

Une visite de la Habana Vieja (après Québec et Jacques Cartier, n'est-il pas fascinant de découvrir cette autre porte du Nouveau Monde, ces lieux où est passé Cristóbal Colón!)

L'après-midi, avant de rentrer, José, les deux Torontoises et moi, avions longé le Malécon, admiré la mer et ses fortes vagues.

Afin de mieux connaître La Habana Vieja, je m'étais promis de revenir.

Avec Lisbeth, un très bref instant, avons évoqué des lieux: la plazza des Armas, la Catedral...

10 septembre 96

Un fait à noter, en ce début d'année, *mon* groupe d'élèves, âgés de douze à dix-huit ans, est composé essentiellement de filles. Pour plusieurs d'entre eux, cette classe est le prolongement d'une année scolaire déjà commencée, le séjour précédent ayant duré entre deux et dix mois; les autres sont de nouveaux inscrits, classés dans ce groupe des finissants en raison de leur connaissance préalable de la langue évaluée lors des précédents examens.

L'année scolaire a beau être officiellement bien entamée, mes préoccupations en classe, les premiers temps, sont loin de se limiter au seul domaine de l'enseignement académique:

A Rosario, fille silencieuse au regard interrogateur, j'accorde mon attention, demande des nouvelles de sa famille, réfugiée du Chiapas, comptant la mère et trois enfants. L'an dernier, la sœur de Rosario était mon élève; ma connaissance de l'espagnol aidant, j'ai eu l'occasion de rencontrer la mère, de partager un moment quelques-uns de ses nombreux soucis.

– Je fais partie d'une famille complètement désorganisée, m'a écrit Rosario dans sa lettre, en guise de présentation.

Elle m'a confié que son père lui manque. Je sais que le frère, lui aussi élève en classe d'accueil, a eu à la maison des comportements violents.

– Ces bleus sur tes bras, Rosario, c'est Luis?

– Oui, mais là, je commence à me défendre, dit Rosario, pressée de me rassurer!

– J'espère bien! – et je fais allusion à sa force, car Rosario n'est tout de même pas du genre à s'en laisser imposer –, si tu veux je peux lui parler n'importe quand, à Luis, on se connaît bien, tu sais.

Me regardant dans les yeux:

– Laisse, dit-elle, non sans gratitude, parle-lui pas de ça; s'il y a un problème, tu peux être sûre, je te le dirai.

Soumia, quant à elle, se trouve en permanence au bord des larmes.

– Je m'ennuie de mon amoureux. Il aurait tellement voulu quitter l'Algérie aussi! Toutes les nuits, je me réveille, je pleure en pensant à lui. En plus de ça, on ne peut rien faire, on n'a pas d'argent. Mes parents cherchent un emploi, il n'en trouvent pas!

A mon élève, moitié Algérienne, moitié Polonaise, je conseille courage et patience. Ensemble, nous avons regardé les photos du fiancé, des amis, restés là-bas. Nous avons longuement parlé de la famille.

– Mon père, d'ajouter Soumia, là-bas il n'était pas comme ça! Maintenant, il n'arrête pas de me surveiller, il m'empêche de sortir!

Elisabeth souffre en permanence de maux de tête.

– Ça fait longtemps, se plaint-elle! Et je me sens toujours fatiguée!

J'écris un billet et l'envoie chez l'infirmière.

A la récréation, Florence me parle avec amour de son petit frère:

– Tu sais, c'est moi qui le fais manger, qui le conduis à la garderie chaque matin. Maman travaille la nuit, elle veut ramasser l'argent pour faire venir ma grand-mère et ma tante.

Florence, véritable petite maman de treize ans, éprouve des difficultés à s'organiser dans son travail scolaire. Je lui suggère quelques trucs afin de mieux s'en sortir; car, hier, le petit frère a sali un des cahiers.

Laura, très jolie séductrice de quinze ans, se plaint d'un tel, qui, apparemment, l'aurait menacée aux casiers:

– Il veut *sortir avec moi*, mais moi je voulais juste être son amie, clame-t-elle innocemment!

Afin de tirer l'affaire au clair, je fais appel à Youssef, notre précieux éducateur-conseiller. On rencontrera aussitôt le jeune homme en question. Pour quelque temps, Laura devrait avoir la paix. Le surveillant des casiers est averti également. Laura, semble toutefois regretter...

Depuis le premier jour, par sa conduite, Ali a cherché à se faire remarquer. Je n'ai pas voulu lui accorder trop d'attention. Toutefois, bien que ma connaissance de l'arabe se limite à quelques mots, je n'apprécie guère la manière dont il s'adresse aux filles dans sa langue.

Aujourd'hui, j'ai dû lui expliquer l'importance du respect tant envers ses compagnes que ses compagnons de classe...

Il y a aussi Andrea, ma Roumaine de quatorze ans, aimable, travailleuse comme deux. Paola, Chilienne studieuse et douée, se voyant déjà au Cégep et prête à avaler exercice sur exercice pour rejoindre le régulier. Suzanna, Polonaise ravissante, radieuse, et très ouverte à la camaraderie malgré sa capacité restreinte à s'exprimer en français. Magdalena, Haïtienne élevée au Vénézuela, dont l'humeur paraît également au beau fixe. Teresa, à la fois tendre et exubérante...

...Emelyne, réservée, mais calme, régulière dans son travail, attentive. L'an dernier, mes quatre garçons haïtiens étaient parmi les plus sérieux. Quelle ne fut pas leur assiduité au travail, afin de réussir ces examens qui leur permirent ensuite la poursuite de leurs études grâce aux cours d'adultes...

...Lisbeth, motivée, décidée à n'importe quel prix à intégrer les classes du régulier. Anna-Maria, par contre, fait en sorte de ne pas trop se laisser envahir par le stress...

...Leïla, sérieuse, mais pas trop confiante en sa réussite. Caterina, qui déclare avoir quelques difficultés dans ses études.

...Malika, vivant difficilement le deuil du pays, à l'instar de Soumia.

...Yin qui a souvent des leçons à rattraper, son père la retenant trop fréquemment pour travailler au dépanneur.

...Reynaldo, heureux parmi ce harem; heureux et silencieux.

Les jours prochains, je recevrai deux nouveaux élèves: Bachir et Azim; au moins, l'élément masculin sera-t-il un peu mieux représenté!

Soumia, pour la deuxième fois, se plaint d'Ali:
– Il dit de mauvais mots. Tout à l'heure, il m'a poussée contre le mur du corridor.
A mon bureau, à la fin du cours, j'ai convoqué le coupable. Celui-ci commence par nier puis, faisant face à mon incrédulité, promet de faire attention.
Afin d'aider les *promesses* à se réaliser, je lui ai donné cent fois à copier une phrase au sujet du respect. Le travail devra être signé par la mère, puis par l'éducateur-conseiller, avant sa réadmission en classe.

11 septembre 96

> Au contraire de l'Européen classique,
> le Négro-Africain ne se distingue pas de l'objet,
> il ne le tient pas à distance, il ne le regarde pas,
> il ne l'analyse pas [...] Il le touche, il le palpe, il le sent.
>
> Léopold Sédar Senghor

Une fois de plus, je n'ai pu passer outre à cette activité, laquelle consiste, pour chacun, à apporter un objet typique, représentatif de son pays, de sa culture d'origine. C'était aussi le moyen, pour les nouveaux, de se mieux faire connaître.
Aujourd'hui donc, la journée était consacrée à *l'objet*.
Avec ferveur, j'ai cueilli ces quelques miettes. Sachant trop bien à quelle vitesse, dans ce contexte de l'oubli nord-américain – également amnésie de notre époque tellement moderne –, les trésors humains sont engloutis.
Combien précieux en effet m'ont paru ces vêtements colorés, ces ustensiles de cuisine sculptés, ornés de motifs hauts en couleur, ces ouvrages de broderie faits à la main; parfois, il s'agissait simplement d'un livre, d'un dessin, de photos; d'un peu de nourriture...

Avons écouté les exposés. Ensuite, nous avons fait circuler les objets, fragments d'histoire personnelle et collective. Ce passé palpable auquel chacun, fatalement, tournera le dos.

En écrivant cela, je pense aux avalanches quotidiennes de circulaires nous proposant l'achat d'objets divers. Grande est notre dépendance à l'égard de ces serviteurs-objets invisibles, multiples, sans existence ni âme. Serviteurs non affranchis; presque tous jetables.

13 septembre 96

> *[...] Un pays, c'est plus qu'un pays, c'est le secret de la première enfance [...]*
> *[...] Je suis restée seule dans un monde sans opposition, sans contraste [...]*
> *[...] Je suis toute à moi, en moi, et je ne me vois plus. Je sens mes yeux, mais ces yeux ne sont plus que de vagues signes de ma présence [...]*

> Jacques Ferron, *L'Amélanchier*

Heureusement, Tonia, il y avait toi. Combien de fois me l'as-tu redite, racontée ton enfance rue Saint-André? La cabane où vous habitiez, car ce n'était pas vraiment une maison n'est-ce pas, mais une espèce de baraque, un *shack* au fond d'une cour?

Parle-moi encore, parle-moi de cet enfer familial duquel tu n'avais de cesse de t'échapper.

De ta mère sèche, vertueuse, ancienne institutrice d'Abitibi. Sa panique à propos de tout, son application à dire des méchancetés. Parle-moi de ton père, pas toujours en emploi. De ses tendances à aimer bouteille et jupons. Parle-moi de ta sœur aînée à demi folle, au point que jamais elle ne fut capable d'avoir une véritable relation amoureuse. Sa vie fut une perpétuelle souffrance et, dans la quarantaine, exauçant ce souhait mille fois formulé, la grande faucheuse vint la délivrer de ce fardeau.

Parle-moi de cette nécessité vitale ressentie dans ton jeune âge: la nécessité de fuir, quel que soit le degré de température. Durant des heures au parc Lafontaine, tu patinais. L'été, avec des copines à bicyclette, tu parcourais rues et ruelles. A l'âge de treize ans, tu fis la connaissance de Claude; dans ses bras chaque soir, fuyant les querelles, tu courais te réfugier.

Raconte-moi comment, tu avais seize ans alors, elle te jeta dehors, elle, la vertueuse, l'ancienne institutrice, à cause de ton ventre rond; et tu fus recueillie par les soeurs, *placée* à Rosalie-Jeté.*

Mais qui suis-je? Qui sommes-nous?

Face à de nombreux hôtes, la question de l'identité davantage se pose. En ce qui me concerne, le Québec, malgré Antonia, mes amitiés, mes voyages, il me fallut de longues années pour l'apprendre.

A son heure, la littérature vint à mon secours. Inutile de dire que je lus très tôt les *Chroniques du Plateau Mont-Royal*. Ma mère elle-même, lors d'un voyage, dévora si l'on peut s'exprimer ainsi *La grosse femme d'à côté...* Après sept maternités, en dépit de sa petite taille, dame ma mère n'est pas tout à fait ce qu'on appelle un petit gabarit!

A cette époque, pourtant, Tremblay était encore un auteur suspect au Québec, son joual ne faisant pas l'unanimité.

Pour ma part, Jasmin, Carrier, Dubé, Ducharme, Blais, Maillet; mais aussi Vigneault, Leclerc, Caron, Miron... concoururent à compléter le tableau (il y eut ensuite la grande Gabrielle, sublime à un tel point, le très grand Ferron et bien d'autres).

La littérature complète à merveille le tableau vivant des liens amicaux, des liens amoureux. Mais la littérature, tout comme l'histoire et la mémoire, tout comme l'amour, l'amitié, est une exploration, une découverte qui nécessite du temps.

Quant à mes cours d'histoire du Québec, une fois terminés et les examens réussis, les repères, les expériences étant trop minces, ma mémoire s'était empressée de tout effacer!

Aussi me fut-il impossible, durant de longues années, de parcourir la ligne du temps; difficile même d'en emprunter quelques tronçons.

Les Plouffe et d'autres séries télévisées (autres films) m'aidèrent un peu. Toutes ne m'intéressaient pas cependant. Plus récemment, il y eut les superbes *Filles de Caleb, Blanche,* un minimum pour initier à la compréhension du Québec.

---

* Ecole pour filles-mères.

La télévision, les téléromans, on a dit que cela avait ici joué un rôle capital. Ce que je sais, c'est que ces deux séries-là, les élèves les apprécient au plus haut point.

Du reste, l'oubli nord-américain est une sorte de mur.

Par-dessus le mur, retentit un appel, une exhortation à la connaissance, à l'histoire.

Le mur de l'oubli on aimerait tant le voir se lézarder...

14 septembre 96

> *Quand les hommes vivront d'Amour, il n'y aura plus de misère,*
> *et commenceront les beaux jours, mais nous, nous serons morts mon frère...*

Raymond Lévesque

Est-ce l'étude de la chanson, est-ce la discussion en ayant découlé qui a donné à Florence l'idée de m'écrire cette lettre?

> *Quand j'aurai 25 ans, j'aimerais être une infirmière. J'aurai une grande famille: c'est mon rêve. Mais par-dessus tout, c'est important d'avoir un vrai mari qui m'aimera et respectera mes enfants. J'aurai probablement quatre enfants. J'habiterai en Floride. L'aîné de mes enfants sera une fille, j'espère. **J'aime tant les filles!** (Ecrit en gros dans le texte original.) J'aiderai les gens qui n'ont pas de chance dans la vie. Ce sera mon seul loisir: visiter les pauvres et aider les pauvres petits enfants.*

Florence est haïtienne. Ce qui, dans la vie, ne garantit pas le maximum de chances.

Pas de chance...

Plus que jamais y a-t-il d'un côté ceux qui ont de la chance, et de l'autre ceux qui n'en ont pas?

Dans ma jeunesse, quelqu'un m'a dit un jour que je n'avais pas de chance. Je me souviens à quel point cela m'avait révoltée, incitée à me battre car ces paroles ressemblaient à un affront.

Si présente dans nos classes, nos rues, est Haïti, infernale, connue, méconnue. Haïti, ce noir inquiétant, ce noir dans notre désert à tout blanchir.

Haïti! Il s'agit bien plus qu'un conte. Et je ne m'y aventure qu'avec prudence. Pourtant, il y a cette voix timide; et, pour moi, le besoin de savoir qu'elle s'accroche, Florence, ma petite bonne femme!

Sur la table basse du salon, devant laquelle je m'assieds pour regarder la télé, il y a le petit frère de Florence; la photo jointe à la lettre de ce début d'année.

On n'enseigne jamais qu'avec ce qu'on est. C'est dire que l'enseignement est lié, plus qu'on ne le pense, aux questions fondamentales, existentielles...

Or, dans notre monde de consommation, occidental, nord-américain, CONSOMMER, tel est le seul but. Ce qui nous ramène aux questions suivantes:

Quelle est notre capacité d'Amour?

Combien d'enseignants québécois ayant eu à enseigner aux émigrés, se sont donné la peine d'apprendre ne serait-ce que l'espagnol, le créole, langues pourtant faciles? Parmi les instituteurs français, appelés dès les années soixante à accueillir nombre d'arabisants, combien auraient essayé d'apprendre l'arabe? (difficile, mais pas totalement impossible; si au moins cela s'incluait dans la formation, si cela était reconnu, crédité par l'université!)

Du reste, le Québec sans l'histoire, la littérature connue (le grand Ferron, rangé dans le tiroir de l'oubli), le Québec pour les Québécois eux-mêmes, n'est-ce pas un peu la lune?

Tu le sais toi, ce que cela représente de quitter son pays plus ou moins contre son gré. Imagine un peu ce que fut pour les Acadiens l'exode, la déportation! Ce que représente le fait d'atterrir dans une ville où ta langue n'est plus qu'un infâme charabia; laissant derrière soi, cet univers: maison, métier, famille, enfance!

On peut toujours parler d'Amour...

Ce que l'on constate de plus en plus, c'est l'indifférence, le vide.

Il y aurait par contre le désir, la fascination, la brillance. Semblable à l'attrait exercé en 1973 sur une jeune femme, épatée malgré elle par le luxe: l'appartement nouvellement peint aux planchers refaits, la possibilité de déménager chaque année. La permission d'avoir deux téléphones, c'est-à-dire le droit d'appeler Dieu en personne, et ses amis, sans aucune limite de temps!

Me voici transportée au loin. Mon voyage, cette fois-ci, a lieu dans les sables brûlants du désert...

Entre l'Arabie et moi, au moins y a-t-il les écrits, souvenirs du grand poète, du poète maudit:

«Djedda, Arabie
7 juillet 1880
Pour Alain Jouffroy
Rien pour vous dans l'histoire des peuples orientaux...
Sur un Sambouk à voiles latines, Rimbaud cingle vers l'Arabie...
Aujourd'hui, on aperçoit par les hublots les "tentes" inaccessibles de
l'aéroport de Djedda, étrange campement de béton aux marches de
Rub al-Kahali, le désert absolu du monde. Et, tandis que montent à
bord les mutawas, la police religieuse, nous imaginons sans peine
l'arrivée en Arabie, le seul pays du globe sans Constitution autre que
la charia, d'un des rares infidèles cherchant au siècle dernier du
travail aux portes de La Mecque – le touriste naïf d'une
Illumination...

Extrait de *Rimbaud d'Arabie*, Alain Borer

N'empêche qu'il y est allé, lui, Rimbaud, en Arabie! Il avait même épousé une ravissante femme assyrienne, une superbe négresse...

16 septembre 96

En fait d'Orient, qu'ai-je connu ces dernières années? Quelques Egyptiens, un nombre assez grand de Libanais; des Afgans; des Iraniens, quelques Turcs, plus rares déjà...

L'Arabie, les Arabes: le grain de sable. Ce qui nous chicote; notre tolérance éprouvée... Et cela se traduit de façon spectaculaire par d'éclatants débats au sujet du port du voile autorisé ou non dans les écoles.

Dans ma classe cette année, il y a Leïla, la femme voilée. Leïla, aimable, mais effacée. Leïla à qui j'essaie aussi de faire une place, de donner la parole. Leïla dont j'ai aussitôt remarqué l'intelligence, mais le manque de confiance.

– C'est difficile pour toi, ce texte, Leïla?

– Oh, tu sais... dans les études, je ne suis pas très bonne. A la maison, on me le dit parfois.

– Comment ça? Pas très bonne! Ce que je vois dans tes yeux lorsque j'explique, c'est au contraire quelqu'un qui écoute, s'intéresse, comprend! Ce que je vois, c'est une fille qui se met au travail immédiatement après que j'ai donné les explications. Alors tout ça, pour moi, c'est une preuve, la preuve de ton intelligence!

– T'es gentille, me répond-elle, souriant pas très joyeusement.

Depuis cette conversation, elle me les remet les devoirs, Leïla, et avec quel empressement! Leïla, quinze ans (mais peut-être en a-t-elle dix-sept?) est parmi mes élèves une des plus motivées.

La possibilité d'apprendre n'allant pas de soi, cela n'en devient que plus précieux (de plus, on est une femme modèle, une petite sœur voilée, presque une sainte).

Mais avant d'aller plus loin, il me faut expliquer, jeune Leïla, ce que tu ne sais pas, ce qui est là, également, comme une avenue entre toi et moi:

J'ai quatorze ans, je viens de terminer un secondaire IV. Sans me forcer, j'ai obtenu d'excellentes notes au BEPC.

Pourtant, c'est à peine si cela me réjouit.

Le père, ces dernières années, est très impatient. Les affaires ne sont guère faciles et, en plus, toutes ces bouches à nourrir!

Alors, une petite phrase, balancée avec hargne par lui, l'homme pourtant aimé, phrase adressée à ma mère, sans même me regarder: «Trouve-lui une place de bonne; qu'elle travaille!»

Bonne à tout faire!... Quelle dégringolade!... Quel chagrin!

C'est donc cela, pour ta petite fille, que tu as choisi! A celle qui te vénère, telle une figure sacrée, voilà le bien que tu veux!

Mais au fond, ta bonne à tout faire, ne le suis-je pas depuis longtemps? Je n'avais guère plus de huit ans (vieux Satrape!), il te la fallait ta soupe, à midi pile (et non pas à midi cinq), servie dans l'assiette, ni trop brûlante ni trop salée (ou pas assez salée), ni trop froide!

Ô père, je ressentais malgré tout pour toi de l'attrait, de l'admiration; de l'affection. Sais-tu à quel point tu m'as blessée ce jour-là? Sais-tu combien ce trait, en plein début d'adolescence, m'a atteinte?

De justesse, je fus inscrite au lycée. Ma mère, heureusement, bien que petite et écrasée, elle aussi, sous l'autorité patriarcale, ma paysanne de mère, mère de famille, courageusement prit le train, demanda à rencontrer cet autre personnage hautain, intimidant; instruit, élégamment vêtu: Monsieur le Proviseur du Lycée d'Etat.

À l'examen, je me revois ensuite: mal habillée, tremblante et armée du plus mauvais stylo à bille qui soit.

J'écrivais ma composition. Deux ou trois fois par ligne, le stylo crachait un gros *pâté*. Livide, sûre à l'avance d'être recalée, je rendis une copie couverte de taches.

Savait-il lire entre les lignes, celui qui me corrigea? Y lut-il ma détresse, celui qui me concéda un joli quatorze sur vingt? Le dossier scolaire avait probablement joué en ma faveur... Mais en la circonstance, je me sentais complètement terrassée, honteuse; d'avance persuadée de ma défaite. Car d'espoir, de foi en moi, je n'avais guère plus que le contenu d'un dé à coudre.

Le sujet d'examen, je m'en souviens pourtant: «Les vieilles pierres parlent à ceux qui savent les entendre...»

Les vieilles pierres parlent...

Les châteaux de la Loire, Versailles, cela m'était totalement inconnu (d'ailleurs à l'époque, l'histoire ne m'intéressait guère, l'histoire, dans mon esprit, cela ne correspondait pas à grand chose, sinon la guerre et la peur encore présente dans les foyers).

Mais non loin de chez nous, il y avait un manoir abandonné. Escaladant le mur, je l'avais visité. Cela, ajouté aux rochers de la campagne avoisinante, ajouté peut-être aux pierres tombales du cimetière, où je flânais régulièrement, *foxant* la messe; cela suffisait largement à alimenter mon imagination.

Les vieilles pierres parlent...

Rends-toi compte! A la muette que j'étais, à la boniche potentielle, le sujet des pierres qui parlent était malgré tout une perche tendue, l'occasion de s'exprimer!

Ce qu'on me demandait là, ce n'était pas, certes pas de compléter l'objectif numéro tant.

L'on s'adressait à ma personne, à mon humaine capacité de réfléchir!

Et cette chose-là, cette sorte de sagesse, je crois bien que le père, malgré tout, le père avec son simple certificat d'études, la mère, obligée de quitter l'école à douze ans, et les maîtres dès notre jeune âge – aussi, à moi, sauvageonne, la grande maîtresse nature! – nous l'avaient enseignée.

Du reste, j'ai toujours apprécié qu'à l'école surtout l'on m'imagine déjà grande. Que l'on y honore mes facultés, mon jugement, mon entendement.

En outre, il est problable que raconter, inventer, dans mes veillées du Nord gris, humide et froid, nos veillées familiales passées autour du poêle, à trouver je-ne-sais-quoi pour se distraire; dans ma rue de bord de bourgade où, étant donné le nombre de gamins, les grands jeux étaient courants, où les jeunes allaient chercher le lait à la ferme le matin, et ne manquaient pas d'en apporter à ces vieux dont les enfants étaient allés travailler à la ville; cela je l'avais appris.

A moi, enfant pauvre, mal vêtue, issue d'une tribu du nord, telle était ma richesse, mon luxe: j'avais appris le familial, l'extra-familial; j'avais appris à vivre et agir en fonction de mes semblables, au moins.

Et je trouve cocasse aujourd'hui de faire ce rapprochement, discutable: dans une bourgade non loin de la mienne, il y avait un quartier appelé Arabie.

Mon Nord, ce n'était pas le Liban, non, c'était un tout petit peu l'Arabie...

Arabie, frontières établies, décidées il y a lontemps sous les pressions de ceux pour qui le pétrole...

Arabie voilée, effacée...

Aux filles, j'ai toujours fait en sorte de donner la parole, qu'elles sortent de leur réserve, qu'elles apprennent à juger, à penser. Ce qui m'amène à réécrire la lettre suivante, du moins à en copier quelques lignes:

> «Apprendre à écrire, c'est apprendre à penser»
> *Ecrire, c'est se reconnaître; c'est devenir meilleur à ses propres yeux en même temps qu'aux yeux de l'autre. Ecrire est donc un ACTE qui valorise; un plaisir. De plus, celui qui écrit ressent davantage le besoin de lire...*

...Or, qu'est-ce qui peut donner à un enfant pauvre le désir d'apprendre, si ce n'est la possibilité d'agir? si ce n'est le PLAISIR?...
...Dans les milieux défavorisés, seul le professeur de français peut en classe guider l'enfant dans l'apprentissage de l'écrit...
...Cet apprentissage est pourtant capital: apprendre à écrire n'est rien de moins qu'apprendre à penser! [...]

La Presse, 13 juin 1996 (extraits)

En relisant cette lettre d'une jeune Libanaise, maintenant que Beyrouth est en voie de reconstruction (quoi que la prospérité n'est paraît-il pas pour tous) je ne puis m'empêcher de sourire.

Yasmine, 20/04/94
Ma chère prof,
Plusieurs fois, tu m'as demandé de te parler de mon pays, le Liban. Tu sais que j'aime toujours le Liban. Autrefois, c'était un paradis. Peut-être un jour le redeviendra-t-il?...
Toutefois, je te déconseille fortement d'y aller en ce moment. Oui, je te le dis carrément: «N'y va pas!»
Il est vrai que la guerre est finie. Mais vivre là-bas est en ce moment extrêmement difficile. Les lois, ça n'existe pas vraiment. Tout est désorganisé. Toi, tu as vécu une vie facile. De plus, tu aimes te promener dans la nature, mais là-bas, comment pourrais-tu y aller? C'est dangereux, il y a encore plein de mines [...]
Les choses indispensables sont difficiles à trouver. L'électricité, tu en as cinq, six heures par jour. L'eau, c'est la même chose. Si jamais tu tombes malade, tu as intérêt à avoir beaucoup d'argent, sinon impossible de te soigner [...]
C'est avec amour que je t'écris cette lettre. Mais je te le redis, ne va pas au Liban.

A la manifestion, Yasmine était présente; et Ahmad, et cette autre Leïla aussi. Ahmad et Leïla, originaires de la région de Tyr.

Aux nouvelles, on avait parlé des terribles bombardements qui chassaient la population, envoyaient les gens sur les routes. On disait que certains d'entre eux rejoignaient ensuite le Hamas.

Le lendemain de la manifestation, ce titre ronflant du journal *La Presse* – ce n'était que *La Presse* me direz-vous –, «Les intégristes libanais défilent dans les rues de Montréal.»

Hypocrites que nous sommes, à accueillir chez nous ces gens qui, la plupart du temps, n'auraient guère demandé mieux que de vivre chez eux. A les accueillir selon des critères de plus en plus précis; à les juger ensuite!

Mais au Québec, les immigrés n'ont pas à se plaindre me dira-t-on. Et cela suffira à clore le débat. Quant aux journaux, on sait bien, il faut qu'ils vendent!

Dans une classe, peut-on ignorer le passé des étudiants? Peut-on enseigner sans soigner ces blessures de guerre plus ou moins visibles, ces voiles de plus en plus nombreux à les cacher...*

Chez les filles, les blessures, ça ne se voit pas. Des filles, on ne sait jamais grand-chose, à part qu'elles portent le voile.

Pour en revenir au Liban, quel silence, ô quel incroyable silence, dans cette classe où la moitié des élèves étaient de Beyrouth (des garçons pour la plupart), le jour où, répondant à une demande pressante, je racontai ma propre histoire d'enfant née dans une région de France se relevant difficilement de la guerre.

---

* Blessures d'époque, remarque bien, chez nos élèves nés au Québec dans le divorce, les familles éclatées; le cancer de l'indifférence érigée comme mode de vie.

2. Il était une fois, leur arrivée

18 septembre 96

Grâce aux explications de Rodrigue, *l'informaticien providentiel*, j'ai appris à me débrouiller, aussi ai-je pu emmener mes élèves au local d'ordinateurs.

Bachir s'y connaît également, et son aide m'a été précieuse. Chacun a pu déchiffrer le message, trouver les proverbes.

Le quotidien, de plus en plus, est la technologie. Aussi ai-je promis que nous retournerions très bientôt au local pour une autre activité...

A la maison, à deux ou trois reprises, j'ai communiqué par modem avec Nicolas. Certes, le procédé m'a amusée. Mais ne suis-je pas avant tout une épistolière, une communicatrice en chair et en âme!

A l'heure de la récréation, des anciens, fréquentant une classe voisine, apparaissent dans l'encadrement de la porte.

Il y a là Anne-Lynn, Pedro, Juan-Carlos; des *anciens*. Car en début d'année, les élèves nouvellement intégrés ne manquent jamais de me rendre visite plusieurs fois par semaine; le lien avec la titulaire de l'Accueil est important pour assurer la transition.

Quelques mots glissés lors d'une conversation avec les nouveaux professeurs au sujet de l'élève sortant, par le professeur qui, durant une année, a passé chaque jour avec l'élève, est peu de choses, pourtant... Car à l'issue de cette première année, la famille vit encore péripéties, bouleversements, insécurité. Un simple détail, communiqué par l'ex-titulaire au sujet du jeune suffit pour qu'on lui porte attention.

La semaine de la rentrée, observant l'air triste et désabusé de Mukala, je me suis arrêtée dans le corridor pour lui parler. Il m'a raconté son dur labeur d'été: enlever des pierres dans un champ, près de Longueuil.

Labeur de nègre s'il en est, pour mon étudiant zaïrois!

Roberto, *mon* Haïtien, quant à lui, a l'air plus heureux que l'an dernier à la même époque. Quelle patience m'a-t-il fallu déployer pour qu'il sorte de son inhibition et ose affronter la tyrannie paternelle? A partir de là, il a pu réaliser quelque progrès.

Des élèves des classes régulières apparaissent également. Ma classe, dirait-on, constitue un lieu d'attraction!

23 septembre 96

La sonnerie vient de retentir. Chacun quitte précipitamment sa place. Chacun, sauf Malika, demeurée debout à côté de mon bureau. A peine le dernier est-il sorti, Malika tente de me parler; éclate en sanglots:

– Que se passe-t-il Malika?

– Si vous saviez!...

Je l'invite à s'asseoir, à se calmer...

Saisissant le mouchoir providentiel:

– C'est difficile de quitter son pays. C'est trop dur, Madame!

Assise à ses côtés, j'écoute sa peine de jeune fille qui voudrait ne pas avoir eu à vivre ces séparations, qui trouve injuste d'avoir dû quitter ses amis, sa maison, sa famille, son école.

D'avoir dû quitter son pays, même s'il y avait des problèmes. Injuste peut-être de devoir s'adapter à ce nouveau pays aux habitudes étranges, et tellement différentes des siennes!

J'écoute son chagrin d'enfant qui comprend déjà tellement de choses. Hier, elle m'a parlé du divorce de ses parents; de tout ce que son père a fait endurer à sa mère; elle m'a exprimé ce qu'elle pensait des hommes algériens.

Pourtant...

– Là-bas, j'avais des cousins et cousines, des oncles et tantes, mes grands-parents; plein de monde autour de moi, toujours! Tandis qu'ici! dit-elle tristement (avec un plaisir évident, la tendre et chaleureuse Malika, quatorze ans, m'a l'autre jour parlé des enfants: «J'adore m'occuper des petits enfants, jouer avec eux,

41

leur conter des histoires; dans ma famille, en Algérie, j'ai plein de petits neveux, nièces, cousins!»)

– Je comprends, dis-je (en ce moment, je mesure la différence de ces deux modes de vie: le nôtre, individualiste, solitude à la clé; et les modes méditerranéens, berbères où, au contraire, on n'est jamais seul!)

A l'instant, je me demande ce que je fiche là! A passer un peu de baume, à regarder pleurer une petite Algérienne! (Le vrai travail n'est pas ici, c'est là-bas, quelque part sur le terrain, que je devrais être, pas enfermée dans une classe au Québec!) (Pas en Algérie, notez bien!)

Mais il faut me secouer; la peine de Malika n'est qu'une goutte dans l'océan de la souffrance algérienne; du reste, son chagrin n'est-il pas également semblable à bien des chagrins adolescents?

A Malika, offrir mon calme, mon silence complice qui est la mesure de ma gravité. Offrir mon appui silencieux, mais ferme et serein.

Quelques minutes plus tard, elle sèche ses larmes, demande la permission de rester dans la classe durant le repas.

L'après-midi, cela va beaucoup mieux.

Enfants montréalais, issus du tiers ou faisant partie du quart monde, semblables, les uns comme les autres, à des arbustes déracinés.

Si on n'apporte à temps les soins nécessaires, jamais ces «arbres déracinés» ne pourront trouver la vitalité, l'harmonie, la santé.

En ce contexte de restrictions budgétaires qui, à mon avis, ne font que débuter, espérons que la tâche d'enseignant demeure réalisable!

D'Algérie, il y a deux ans, les premiers arrivants...

Ce jour-là, dans ma classe, impossible d'enseigner. Un bruit infernal de perceuses couvre le son de ma voix (des travaux majeurs ont lieu dans l'école depuis deux semaines). Les interventions de la direction pour essayer de faire cesser le bruit ayant été vaines, je décide d'emmener mes élèves travailler à la bibliothèque.

Fatigué lui aussi, et cherchant soudain la confrontation, Lounis, mon élève, originaire d'Hannaba:

– Ton français, j'en ai marre!

Rebelle est Lounis, qui me rappelle d'autres jeunes, mes jeunes de Bois Colombes – j'étais alors responsable d'un camp de vacances –, une de ces banlieues parisiennes où avaient atterri les Harkis, après la guerre d'Algérie.

Cette guerre, il faut le comprendre, était en France celle dont on ne voulait plus parler; celle dont les Français portaient également le deuil; qui d'un fils, qui d'un frère, qui d'un cousin.*

Lounis...

Lounis. Son silence. Ses cheveux noirs crépus. Les traits de son visage me rappellent d'autres jeunes... Cela me fait également penser à mes amis parisiens: à Radia, maintenant infirmière, (adorable et petite Radia: elle m'arrive bien au bas de l'épaule), à Farid: où es-tu Farid à présent, toi qui, à l'instar de ta mère et tes sœurs, disait vouloir retourner vivre dans la blanche Alger?

Au Québec, cette année, je vous retrouve mes cousines, mes cousins. Car parents, ne le sommes-nous pas, nous, Français et Algériens? Quand ce n'est mari et femme.

Ton père, je l'apprends, était un ancien du FLN. Pas étonnant, n'est-ce pas... dans l'Algérie indépendante!

Et toi, Lounis, tu tiens à me raconter:

– Tu sais comment ils font?

...

– Eh bien, il tuent quelqu'un en pleine rue, aussitôt jettent auprès du corps le révolver, le couteau, l'arme du crime; se

---

* Mon unique cousin, Jean-Claude, aimable, intelligent, beau et *incapable de faire du mal à une mouche*, fut balayé à l'âge de vingt ans. Jean-Claude, mon adorable cousin, vêtu d'une gabardine, venu faire ses adieux, je le revois encore s'éloigner sur sa Vespa. Mon frère aîné, lui aussi, fut appelé; au moment prévu pour le départ, au soulagement de mon père, son régiment ne devait toutefois pas embarquer, la paix étant sur le point de se conclure.

mettent à crier: «Regardez, quelqu'un vient d'être tué!» Et ils restent là parmi la foule, à regarder.

...

– Moi, ça allait, mes parents ont toujours été très généreux avec les enfants pauvres du quartier situé près de chez nous. Même très jeunes, les enfants étaient armés. Lorsque je sortais, j'étais protégé par mes petits voisins.

...

– Et puis, il y a eu une bataille, non loin de chez nous, et le siège d'une maison par l'armée. Dix-huit terroristes tués. Les balles ricochaient dans les murs de notre maison, il y a eu des carreaux cassés.

...

– Après cela mon père a décidé qu'on partait...

Le français, Lounis, n'est plus tout à fait ta langue. Ta langue, bien plus que celle de ta mère, instruite, autrefois, par des religieuses françaises en Algérie, bien plus que celle de ton père, ingénieur* ayant l'habitude de voyager en France, ta langue, je le comprends bien, c'est l'arabe.

A propos de l'Algérie pourtant, me vient à l'instant une image, illustrant bien l'hospitalité telle que vécue dans le Nord de ma jeunesse: ces tapis d'Orient déroulés sur le froid carrelage de la cuisine. Et le vieux Kabyle, *Chia'chia*, le marchand de tapis avec qui nous passions l'après-midi.

Je me souviens des discussions entre mon père et lui, lorsque c'était jour d'intempéries; de ma mère y prenant part tout en reversant le légendaire café Ch'ti.**

Ils parlaient de la guerre, de son inutilité.

Je me souviens de mon père, ayant vécu deux guerres et

---

* Les parents de Lounis, malgré tout, étaient des immigrants instruits, pas seulement des réfugiés; des immigrants répondant aux critères économiques de sélection.

** Dans le Nord, la cafetière devait toujours être pleine, afin d'accueillir d'éventuels visiteurs; de plus, on ajoutait au café quelques grains de chicorée, par économie et parce que la chicorée est excellente pour la santé. L'intention avait peut-être meilleur goût que le café qui chauffait parfois un peu trop!

passé l'après-guerre 1939-45, dans nos villes du nord à moitié détruites, à reconstruire des maisons); je me souviens de mon père (avais-je alors dix ou douze ans?), parlant de cette autre guerre, et offrant le café de la paix au vieux Kabyle.

28 septembre 96

Lorsque des visiteurs me font remarquer à quel point Montréal est un endroit paisible en dépit de son caractère pluri-ethnique, je réponds volontiers que les Québécois (les Canadiens) sont encore près de leur propre immigration, que cela les rendrait plus ouverts, plus tolérants; je dis que l'immigration est ici une nécessité reconnue, acceptée; le seul moyen de maintenir l'équilibre démographique.

Enfin, c'est ce que j'en dis...

Et je me dis qu'ici, en la matière, on a peut-être été un peu moins radin, moins près de nos sous que là-bas, outre Atlantique (bon, d'accord on est endetté; les Français aussi!)

Je dis cela en me référant à ce j'ai ressenti en France lors de l'arrivée massive d'Algériens après l'indépendance...

Je me dis cela en me référant à que j'ai cru observer au Québec depuis plus de vingt ans... Car ce qui m'avait amenée à me fixer au Québec, allant jusqu'à recommencer mes études, en plus de l'élection de René Lévesque c'était la possibilité d'exercer ce métier.

Il faudrait également tenir compte des facteurs suivants: parmi les immigrants illégaux arrivant en France, il y a sans doute un grand nombre d'illettrés. Du reste, c'est vers la France que se dirigent beaucoup d'immigrants. Il est question d'obliger l'Espagne et autres terres de passage à assumer leurs responsabilités. Au Québec, on rencontre chez les immigrés nombre d'élèves instruits, toutefois l'écart se creuse là aussi; le nombre d'enfants immigrés accusant des retards d'instruction n'a cessé d'augmenter ces dernières années pour dépasser les 20%.

Hier samedi, belle journée ensoleillée, je suis invitée à une épluchette de blé d'inde. Curieuse impression de vide que la mienne depuis que Nicolas, mon fils unique, est parti. Heureusement, il y a ces invitations, ces balades nature, ces réunions entre amis.

Car de me construire une famille, dirait-on, cela n'a pas vraiment été mon souci.

Peut-être que, n'acceptant guère de me reposer sur mon arrière-train de petite chatte casée, mariée, en amour, j'ai laissé passer ma chance.

Peut-être n'ai-je fait que me laisser prendre au piège des multiples possibilités, au piège du travail...

Car en fait de relations intimes, en ce moment, ce serait plutôt le désert. A part M., mais nos rencontres sont de plus en plus rares, ma dernière vraie relation remonte maintenant à plusieurs années: Richard, ses trois enfants, Nicolas et moi avions vécu ensemble durant quatre ans.

Près de moi, heureusement, il y a Bob, André, Lucie et sa fille Marie-Claude. Il y a mes copains québécois. Pas des gens riches, non, du monde simple, et qui ont gardé l'habitude de se regrouper, de se donner un coup de main. Egalement de s'amuser.

Ma gang de fêtards.

Dans ma voiture, j'ai emmené Claude et Sophie. Sophie, huit ans, pour qui je suis une sorte de lointaine *matante*. Claude est machiniste; il s'occupe bien de sa fille. Pour joindre les deux bouts, il faut qu'il compte.

Curieux tout de même! J'ai également quelques amis plus fortunés. Ceux-là ne pensent pas que, la fin de semaine, il puisse m'arriver de souffrir de solitude!

Le blé d'Inde est cuit à point. Roulé dans le beurre, un régal!

Gilberte, l'amie de Robert, nous a préparé un jeu (pour ma classe, une bonne idée à retenir). Cherchant les toilettes, je descends en vitesse les marches du chalet. Réfugiée au sous-sol, afin de fumer un joint, la blonde et belle Lucie me demande de refermer la porte derrière moi...

– ...des fois que Marie-Claude!...

– T'en fais pas Lucie, il y a des chances qu'elle sache depuis longtemps Marie-Claude!

– Tu veux une poffe?

– Non merci Lucie, tu sais bien que moi, à part ma demi-bouteille de rouge et deux ou trois bières...

A chacun sa religion. Moi, je suis une coincée sympa, une intégriste du tonneau!

30 septembre 96

Comme à l'accoutumée, en ce lundi matin, chacun des élèves est venu me saluer, me dire quelques mots, me serrer la main.

En entrant dans la classe, chacun est heureux, sourit.

Mais pour Malika, ce début de semaine a l'air pénible, à en juger par sa façon de traîner les jambes en entrant, d'afficher cet air *fille singulière, mais écœurée de la vie...*

Faisant appel à mes talents clownesques (discutables pour d'aucuns, mais tant pis!), affichant une mine grognonne, une mine d'ourse mal léchée, je l'accompagne à sa place.

– Se lever, meleu, meleu. Aller à l'école... meleu, meleu... Si au moins j'avais pu rester au lit, meleu, meleu, continuer mon rêve!

Surprise, et faisant volte-face:

– Moi aussi j'étais bien dans mon rêve!

– Ce devait être un rêve fan-tas-ti-que! (plus bas) tu me le racontes, dis?

– Tu sais, reprend-elle aussitôt, élevant légèrement le ton et lorgnant côté Ali – car, à la différence de cette prof, gentille et un peu bizarre, ce qu'il faut c'est garder la face, tenir son rôle! –, en Algérie, on dit que lorsqu'on fait un beau rêve, ça porte malheur d'en parler!

Le sourire-grimace que je lui décoche la désarçonne. Malika éclate de rire cette fois, franchement.

Mais voilà que Bachir s'est approché.

– Moi, dit-il, voilà le rêve que je fais; ça fait plusieurs fois que je refais le même: je suis encerclé de gens qui pointent sur moi des mitraillettes. Ma terreur est grande. Mais à la fin de mon rêve, je suis soulagé, car j'ai réussi à attraper le canon d'un des fusils, et je tire en tournant sur moi-même. Mes ennemis s'écroulent; ils sont tous morts, sans exception. Je suis sauvé.

A la récréation Bachir m'apprend que le père doit sous peu rejoindre le reste de la famille.* Il semble content de s'être confié.

Raconter ses rêves faisait chez certains primitifs, partie des premières activités de la journée. Quant aux Amérindiens, ils y avaient recours, notamment dans le but de trouver le génie tutélaire du jeune guerrier.

Entre le rêve et l'action le lien serait, plus qu'on ne le croit, évident; entre la rêverie et la connaissance aussi.

Au sujet des rêves nocturnes, je me suis cependant toujours gardée d'un charlatanisme du genre: soumets-moi ton problème, je vais y trouver la solution cette nuit-même: si je vois un oiseau, c'est oui, tu vas te marier cette année, sinon... Cela revient au même que de se tenir à la lettre aux prévisions d'un horoscope hebdomadaire.

Raconter ses rêves. Du moins, s'y attarder parfois... Se pourrait-il que les rêves (nocturnes ou diurnes) participent d'une sorte d'éveil?

2 octobre 96

Me voici assise à la salle des profs en train de corriger. Les taquineries un peu plates du vieux Jacques, professeur de morale, occupé une fois de plus à *mémérer*, me font lever le nez de mes copies.

– Arrête, *La France*, tu me donnes le mal de mer; tu travailles trop!... Se servant un enième café: Tu me rends coupable!

Narquoise, rieuse, le nez dans les cahiers, je lui réponds que

---

* Lorsqu'il arrivera, les derniers espoirs de retour s'envoleront. «Il n'y a plus rien à faire là-bas», annoncera-t-il à la famille et Bachir, bouleversé, me répétera ces paroles: «Tu te rends compte, des années de travail, sa vie, ses efforts perdus!», ajoutera-t-il.

ce n'est pas ma faute: je ne suis qu'une importée (depuis vingt-quatre ans).

Me tournant vers lui l'air très sérieux:

– Nous autres, Français, dans l'après-guerre, on s'est *grouillé le derrière* afin de retrouver un brin d'indépendance face aux Américains, et quand De Gaulle a réussi à mettre fin aux accords de l'OTAN, on était fiers (accords reconduits l'année passée, par Chirac: peuf!). On l'aimait De Gaulle, nous. C'est pas comme vous, avec René! A cause de ça, mon Jacques, on a été pauvres, plus pauvres que les Belges ou les Allemands (en plus, dans le Nord/Pas-de-Calais après chaque guerre, on a toujours été forts pour le repeuplement) – plus pauvres que les Canadiens –, mais on s'est peut-être moins vite américanisés, dis-je. (En moi-même: Remarque, à présent, l'Amérique c'est partout!)

Francine, ma jeune collègue, autre titulaire de français en classes d'accueil a levé la tête, regarde dans ma direction. Avant de replonger dans ses corrections, elle applaudit.

...Avec le vieux Jacques, passionné d'histoire, féru notamment de celle de la Seconde Guerre mondiale, nous rions.

Agé de soixante ans, et souffrant d'emphysème à un stade très avancé – ce qui l'oblige à une grande économie de mouvements –, Jacques a à sa charge trois enfants, tous étudiants (sa fierté), et n'a d'autre choix que de continuer à travailler.

8 octobre 96

Tu les trouves banals, ennuyeux, ces rituels reproduits chaque année avec des élèves? Plate routine, peut-être. Ou peut-être pas. Tu comprendras au moins que, pour les nouveaux arrivés, une sortie à la Montagne, ce *sanctuaire-de-verdure-au-centre-ville* dont nous autres Montréalais nous enorgueillissons à juste titre, s'impose.

En classe, Patrice, mon collègue, professeur d'histoire, avait préalablement distribué les rôles.

– Moi, François Premier, j'ordonne...

Aujourd'hui, par l'extrémité de sa lunette, depuis ce sommet du Mont-Royal, le sieur de Champlain a aperçu les huttes d'Hochelaga.

Quant à l'intrépide et très jeune infirmière Jeanne Mance, chacun a pu à distance l'imaginer dans son Hôtel-Dieu, situé à peu près à l'endroit du Vieux-Montréal, en train de soigner les premiers habitants de Ville-Marie (Jérôme Le Royer de la Dauversière ayant préalablement obtenu les fonds nécessaires à la construction d'un premier hôpital).

L'officiel Paul de Chomedey (de Maisonneuve), croix de bois, croix de fer, fervent, agenouillé, ne tarderait pas à prononcer un vœu.

Mais pas trop vite! Ne mélangeons pas tout: pour l'instant, Paul de Chomedey n'est pas arrivé!

Ce jour fut une somptueuse journée d'été indien. Je ne sais comment trouver les mots pour décrire la joie vécue à *la Montagne* en compagnie de mes jeunes.

Aujourd'hui, comme peut-être jamais auparavant, la magie était au rendez-vous... La magie, et la poésie.

Tel fut mon enchantement autrefois, lorsque je découvris le Mont-Royal!

9 octobre 96

Ce matin, pour faire suite à notre merveilleuse journée d'hier, j'ai reçu les élèves en grande pompe: Vivaldi et tutti quanti.

J'ai ensuite offert à chacun une jolie feuille séchée (les jours précédents, prévoyant un coup semblable, j'allais au parc, choisissais les plus belles, les plaçais entre les pages de vieux annuaires téléphoniques pour une sorte de mariage posthume: cadavres de feuilles contre hécatombe d'arbres).

Plusieurs poèmes dont celui de Prévert: *Pour faire le portrait d'un oiseau*, étudié quelques jours auparavant, ont été lus à voix haute.

J'ai ensuite demandé aux élèves d'écrire un petit poème.

Quelques textes n'ont pas tardé à me parvenir.

Les auteurs ont lu à voix haute leur création. Et à la fin de la période, la plupart d'entre eux m'avaient remis un premier petit poème.

Quant aux autres, je sais que, d'ici un jour ou deux, ils m'auront remis le leur.

Ce jour-là, appuyée au bureau, je les regarderai, bras croisés, et dirai:

– Il y a donc vingt et un poètes ici!

Ce soir, je pense à Safi qui, l'an dernier, m'avait donné l'idée de cette séance de poésie reliée à la nature en automne ainsi qu'au poème de l'oiseau; Safi qui, en ces termes, m'avait parlé de son chardonneret:

– Je l'ai amené dans la nature. J'ai laissé la porte de la cage ouverte pour former un couple..., malheureusement ça n'a pas marché.

– Chez nous, beaucoup d'enfants ont un chardo. Lorsque tu accouples un chardo et un canari, ça fait un mulet. Un mulet, c'est très cher et très recherché.

Sur le mur, près de mon bureau, longtemps a été collé le dessin du chardo, le cadeau de Safi, accompagné de son poème inspiré par le Mont-Royal.

11 octobre 96

> *Je t'écris à la deuxième personne*
> *parce que j'aime être proche lointain,*
> *ce que je sais vient du dedans et du dehors:*
> *tu racontes tes vies intérieure et extérieure.*

Philippe Haeck, *La table d'écriture* (VLB éditeur, 1992)

A ton avis, ai-je tort de persister dans mes croyances, mes valeurs? De vouloir également enseigner le français non pas comme un langage beau, précis, mais bien plus comme une exploration perpétuelle, une trouvaille; une relation signifiante, la recherche du sens...

En outre, ai-je eu raison de vouloir incessamment lutter contre toute forme de mesquinerie, de platitude, de médiocrité?

C'est curieux tout de même, de constater à quel point cette école, pour certaines personnes est un véritable *Petit Monde*. Je dis *Petit Monde* parce qu'on semble éprouver le besoin d'y régner.

Ne crois pas qu'en te confiant ceci, je ne fais moi-même que critiquer pour le plaisir. Mais dans cette école qui pourtant est mienne depuis des années, je constate avec regret que les potins, la médisance, ne sont pas exclus.

Cela me paraît dommage, d'autant plus lorsqu'il s'agit de personnes possédant de bonnes capacités, voire du talent. (Dans notre espèce à deux pattes, le mal irait-il de pair avec le bien, le mal serait-il davantage ce qui motive?)

— Laisse tomber, soulignait aujourd'hui non sans ironie Alain, professeur de mathématiques, tu verras, bientôt, il faudra être dans la ligne du parti!

Ecrire, malgré l'heure.

Ecrire... briser la routine... Ecrire... agir à sa guise...

Tout à coup, ne plus me contenter d'être la mère gentille, l'aimable fonctionnaire de l'éducation. Un instant, me payer le luxe d'être la marâtre, la sorcière; l'écrivaine!

> *Il est midi. Assise en bout de table au restaurant thaïlandais, j'envoie un clin d'œil à Béatrice, une enseignante du III, actuellement en grande discussion avec Igor.*
>
> *La mine épanouie de ma collègue fait plaisir à voir!*
>
> *Se pourrait-il que le violoncelliste (très beau blond, au regard clair), se pourrait-il que le jeune homme engagé depuis peu pour enseigner la musique?...*
>
> *(Tous deux ont vraiment l'air captivés...)*

Agréable tout de même ce petit restaurant thaïlandais, quoique d'être assise à l'extrémité de la table ne soit pas très pratique.

— Me passeriez-vous le poivre, SVP. Cette soupe manque un peu d'assaisonnement!

...

NB: Je m'en voudrais de faire des commérages ma spécialité culinaire. Du reste, pousser plus loin l'histoire d'amour, tel n'est point ici mon but. Indépendamment de cela, une école secondaire, un groupe de professeurs sans histoires d'amour, ça ne serait pas non plus normal!

21 octobre 96

Depuis la scéance de poésie, quelques élèves ont continué de m'apporter des poèmes.

Comme ils me touchent ces textes!

Bachir et Ali m'en ont apporté plusieurs. «Dimanche, on est allés à la biliothèque, pour recopier ensemble nos poèmes», m'a expliqué Ali non sans plaisir.

Tous deux exhibent leurs *œuvres* recopiées à l'ordinateur. L'un des textes est illustré par la silhouette d'un beau matou, l'autre par un étalon au galop!

Ali déclare non sans fierté qu'un exemplaire de ce poème a été offert, dédicacé à une demoiselle.

Les autres poèmes recopiés, illustrés, sont affichés dans la classe. Gaëtan, un élève du régulier, vient aussi m'apporter ses poèmes, me demande de le conseiller.

Surprise, ce midi. Nous mangeons à la salle des profs. Soudain, Annie, remplaçante dans notre école pour la deuxième année, fait bruyamment irruption.

– Je l'ai, crie-t-elle à la ronde! Je l'ai!

Qu'a-t-elle, me dis-je, incrédule, car c'est bien... son annulaire que montre Annie!

– La bague, reprend-elle, la bague de fiançailles; il me l'a donnée!

– ...Eh bien... Joyeuses fiançailles, Annie!

Je me prends tout à coup à penser que le mariage, de nouveau, représente la sécurité, peut-être le moyen de survivre dans les années qui viennent; car les postes d'enseignants ne seront guère nombreux.

Timidement, en cette semaine de sommet économique, afin d'exprimer leur insatisfaction, les étudiants montréalais ont bombardé la façade de l'hôtel de ville à l'aide non point de roches... mais de denrées alimentaires.

Curieuse Intifada!

Durant ce temps, à la télé du petit Goliath – puisque malgré tout, ce gouvernement est le gardien des valeurs investies –, les beaux discours: «Contrer le chômage, développer les possibilités d'apprentissage... l'expérience acquise en entreprise...»

En réalité, ce qu'il importe en ce moment est de placer ses capitaux ailleurs qu'au Québec!

Et chaque mois, de nouvelles mises à pied...

Les travailleurs québécois ont cependant une réputation d'amabilité, d'efficacité. Cela pourrait-il attirer des investisseurs? Car il y a toujours cet espoir, des nègres blancs spécialisés! Face aux patrons, il n'y aurait bientôt plus que des travailleurs sans défense, des hommes à genoux? Ce qui me rappelle l'Angleterre où, à l'heure actuelle, le syndicalisme n'existe pratiquement plus.

Les timides étudiants, quant à eux, continuent de s'endetter, de hanter les corridors des universités. Ces corridors, je les ai parcourus l'autre jour après quinze années; ils m'ont paru ressembler à ceux... d'un centre d'achats!

Aujourd'hui, après que j'eus présenté aux élèves la chanson des Colocs, *La rue principale,* les Algériens ont demandé à chanter. Les Haïtiens n'ont pas tardé à s'y mettre.

Haïtiennes, Algériens à l'unisson ont entonné la *Complainte du phoque en Alaska, Cartier* de Charlebois, *Isabelle* de Jean Leloup. Du coup les autres élèves ont suivi. L'effet produit était des plus agréables.

Le chant, unisson de souffles. Concert de voix humaines. Ceci dans un but de célébration, de rituel, mais aussi afin de se donner du courage, ou pour supporter la douleur.

Chant des rameurs descendant en pirogue le fleuve Congo, chant des prisonniers politiques sud-américains s'élevant à l'heure où les corps torturés, meurtris viennent d'être retournés aux cellules.

Où êtes-vous chants de la terre? Echoués en un quelconque désert urbain, noyés au carrefour des brumes et hasards.

28 octobre 96

Ces derniers temps, j'ai demandé à plusieurs étudiants d'écouter les nouvelles radio ou télé-diffusées, de faire ensuite devant la classe une sorte de bulletin.

Me voici en route pour l'école. Il est sept heures trente, j'écoute moi aussi la radio.

L'animateur bien-aimé d'une station connue, depuis vingt minutes, consacre son temps d'antenne à un sujet de la plus haute importance: la recette du confit de canard!

– Oie que je suis moi-même d'écouter ces caquetages, me dis-je, appuyant sur le bouton!

Gastronomie et bons vins, pour l'élite bedonnante, cela serait-il le *sommet* des préoccupations?

(Le pis, c'est que même les ouvriers français ont acquis la mentalité de consommateurs petits-bourgeois, égoïstes, peu enclins au partage.)

(Et moi, la métisse, me voilà occupée à cette tâche, tout à fait gratuite, mais aussi périlleuse qui consiste à examiner, ausculter, diagnostiquer mes deux patries!)

30 octobre 96

> *Oh! Nos fils ont peur de l'aube*
> *il caille encore des lunes noires*
> *dans la rumeur des rêves*
> *qu'épuise la voyagée*
> *à coup de départ sans retour*
>
> Dary Jean-Charles,
> *Encres brûlées* (Ed. Humanitas, 1997)

Lorsqu'en début d'année, je demande aux élèves quels sujets de discussion pourraient les intéresser, un des thèmes suggérés est celui de la peur. Thème proposé à plusieurs reprises pour la discussion, par mes élèves haïtiens notamment.

Haïti, la peur, on n'y accoste pas vraiment. Il y a quelque temps, j'ai présenté ce conte de *Tit Jean et la Belle-sans-connaître*, qui pourrait fort bien être un conte haïtien. Il m'arrive de faire lire à mes élèves un ou deux poèmes, un texte sur l'esclavage, durant le mois de l'histoire noire...

J'aide ceux qui veulent présenter un exposé sur le vaudou, présenter Haïti, leur île, avec le peu de documents qu'ils ont pu rassembler.

Pour le reste, c'est le silence.

Le sujet de la peur, on l'évitera comme on évite toute souffrance. Comme on a tendance à fuir l'autre, dès qu'on le sent atteint, touché par un quelconque malheur. Le matérialisme, l'idée du confort et du bonheur ont masqué cette réalité naturelle: joie et souffrance voyagent côte à côte. Qu'on le veuille ou non, là réside notre intensité à vivre...

(En classe, j'aborderai moi-même ce sujet, plus tard, au moyen d'extraits de Maupassant et autres).

Que représente la peur pour les enfants de maintenant qui ne font jamais l'expérience du silence, du noir complet (comme autrefois, le jeune *Poil de Carotte* allant *fermer les poules*).

Dans nos villes éclairées, parler de la peur est tout à fait inintéressant, irréel; de plus, c'est non lucratif! On ne craint ni Dieu, ni parents. Pas davantage les professeurs (à l'instant, je pense à *David Copperfield* et à sa crainte de ne pas savoir).

La peur se vivrait virtuellement, en cherchant l'excitation dans certains films mettant en scène violence et sang.

A ce sujet, réelle est la différence entre un Canadien pour qui la guerre n'est qu'une sorte d'histoire plus ou moins vraisemblable s'étant déroulée dans les *vieux pays*, et moi-même, qui, bien que née dans l'après-guerre, ai longtemps tremblé en entendant l'accent allemand; être un homme français, à l'époque de ma jeunesse et encore actuellement – quoique plus pour longtemps, car le service militaire obligatoire sera bientôt aboli –, cela voulait dire servir la patrie, apprendre à utiliser un fusil pour défendre sa peau, sa patrie, sa terre, au cas où.

Dans l'après-guerre, le but des jeunes ayant participé au dialogue franco-allemand pour la paix, leur idéal de justice et de paix était étroitement associé à la peur. Peur de ceux-là nés sur les ruines encore fumantes, élevés parmi les récits de guerre.

En relation avec ce thème de la peur existent pourtant les rituels de l'Halloween, et du Carnaval...: le spectre de la mort, présent au milieu de la fête.

L'Halloween, fête nord-américaine, événement commercial, serait-ce un autre moyen d'éviter de penser à la mort?

Pour mes nouveaux venus, toutefois, l'annonce de cette sorte de mascarade populaire, rappelle un peu le carnaval, intrigue et s'avère prometteuse.

Dans l'esprit des jeunes, l'Halloween doit représenter une autre occasion d'être *américains*. De plus, fêter ainsi en la présence et avec l'approbation des profs est d'un *cool*!

Demain donc, l'Halloween: un de ces moments plus ou moins bien orchestrés; fête, rituel, mais surtout habitude d'un système scolaire ayant prise directe avec la consommation; à la Saint-Valentin, dans la guimauve et le chocolat, on enseignera la poésie!

La fête de l'Halloween est dans ma classe l'occasion d'échanger au sujet de croyances, de superstitions.

Ainsi avons-nous appris qu'en Algérie, lorsqu'on lance ses souliers et que l'un d'eux retombe à l'envers, c'est signe de malheur.

Le nez vous gratte? vous allez manger de la viande. Si c'est le talon, alors, quelqu'un est en train de parler de vous (en Haïti, par contre, c'est qu'un visiteur va venir).

L'oreille siffle? mmmh, du malheur à l'horizon!

Votre œil clignote? vous allez voir apparaître une personne qui ne vous a pas rendu visite depuis longtemps.

En Pologne, lorsqu'on croise le ramoneur, il faut arracher un de ses boutons, cela portera bonheur.

En Haïti, un papillon noir entre chez vous: il apporte une mauvaise nouvelle; les yeux vous piquent: quelqu'un de votre famille va mourir. Vous citez le nom de quelqu'un lorsqu'il est tard: les fantômes vont prendre le vôtre – de nom –, et vous tuer. On vous appelle de loin: c'est mauvais signe, signe de malheur.

De jolis contes et histoires fantastiques, écrits l'an dernier par des élèves d'une classe régulière à l'intention d'élèves de sixième année primaire, lors d'un projet mis sur pied par Stéphane, professeur de français au secondaire IV, m'ont servi ces jours-ci à préparer différentes activités.

Riches aussi sont les mythes racontés par certains de mes élèves.

Yin nous a raconté l'histoire du Xi, celui qui vient voler les provisions, poules et ânes; c'est à dire le menu de la fête.

Faire éclater les pétards équivaut à brûler le spectre Xi. «Tue Xi» est la plus grande fête en Chine. Les pétards effraient les malfaiteurs. Ainsi les villageois pourront, en toute quiétude, se réunir, manger, fêter l'année nouvelle.

La Patasola ou mangeuse d'hommes, légende sud-américaine nous a été contée par Teresa et Anna-Maria; la Patasola est une femme ayant abandonné ses enfants. Comme punition, elle a eu la jambe coupée. Les hommes doivent se méfier de cette femme unijambiste qui, du fait de l'abandon de ses enfants, devient un danger pour tout homme la croisant sur son chemin.

La Patasola illustre la violence machiste, la femme devant être tout à fait passive et soumise à l'homme par le biais de ses enfants. Dans le cas contraire, il ne peut s'agir que d'une sorcière, d'une dévoreuse...

Quelques élèves m'ont parlé du déguisement qu'ils devraient porter demain.

Pour ce qui est de mon propre déguisement, cette année, je n'ai guère eu le loisir d'y penser, car ces derniers temps, il me fallait *mettre la gomme*, garder après la classe Adelina, Lisbeth, Paola et Soumia pour qui le moment approche de passer les examens sanctionnant leur entrée au régulier.

Heureusement, Gisèle m'a offert de me prêter un costume d'Indienne. Allons-y pour l'Indienne... sans oublier d'ajouter franges, perles, peintures, pacotilles et plumes!

31 octobre 96

Il n'y avait qu'un cours ce matin. En l'honneur de Yin, qui fête cette semaine l'anniversaire de ses dix-huit ans, Reynaldo, Laura et Caterina ont présenté un conte chinois, une jolie histoire de maison hantée. Pour ce faire, ils avaient préparé la mise en scène: musique de fond, jeux de lumières, bruitages...

Ensuite, avant de recevoir un paquet de bonbons des mains des sorcières Suzanna et Emelyne, on devait trouver la réponse à des énigmes en relation avec les contes, les mythes, les textes étudiés les jours précédents.

L'après-midi, un groupe d'élèves de secondaire V, sous la conduite de Francis, notre super animateur de la vie étudiante, organisait une grande kermesse destinée à amuser les plus jeunes.

Egalement, la danse fut un franc succès; les talents des élèves d'accueil, pour la deuxième fois, ont éclaté au grand jour.

Le taux de participation des jeunes Québécois dits *de souche* à la danse était par contre beaucoup moins élevé que celui des élèves allophones; ce qui, au sujet du rapprochement des élèves, que ces activités normalement devraient favoriser, m'amène à me poser des questions.

Danser. En toutes occasions, cultiver la joie du corps, n'est-ce pas être vivant?

1ᵉʳ novembre 96

Aujourd'hui, *les miens* étaient heureux de raconter leur soirée employée à courir les rues, à ramasser des bonbons.

On aura beau dire, ces recours à l'enfance sont tout à fait salutaires!

La danse, on tient à en reparler, à répéter combien cela a été *le fun*. Le répertoire musical était meilleur, plus varié cette fois-ci que la précédente!

Tous aujourd'hui avaient l'air très heureux.

(Dans le cadre d'activités interculturelles, Reynaldo a pour sa part commencé à enseigner le merengué, la salsa, la bachatta, ce qui lui vaut auprès des jeunes filles un succès grandissant.)

4 novembre 96

Aujourd'hui, j'ai eu un aperçu de ce que pourrait être le chaos informatique en l'absence de moyens: au labo, un problème empêchait d'accéder au serveur. Ce n'était qu'un problème mineur, mais ni la bibliothécaire ni le technicien en audio-visuel ni moi-même ne pouvions trouver la solution.

Quant au technicien, en congé de maladie pour deux semaines, et responsable d'un grand nombre d'écoles, personne ne le remplace.

– A l'école de ma fille, dit une collègue, à qui je racontais mes déboires, l'équipement est super!

– Ah oui! quel est le nom de cette école?

En entendant la réponse, je réalise qu'il s'agit d'une école... privée.

Tout de même, tenir une boulangerie... Aller acheter son pain chez un autre boulanger! (Par conséquent, risquer de plus en plus au quotidien de voir son levain redescendre au lieu de monter!)

7 novembre 96

Chaque soir, ce besoin absolu de me dégourdir.

Le quartier où j'habite est tout de même un beau quartier, un quartier de verdure. Quelle chance!

La nuit tombe; le temps s'est brusquement rafraîchi. Il fait humide, il pleuvote. Avant de rentrer chez lui, chaque individu hésite, le dos roulé, la tête rentrée dans le col.

Quelques bourrasques de vent, propres tout au plus à ébouriffer. Une première feuille, d'ores et déjà perdue, mais tenace, importune, se colle au dos d'un manteau de cuir.

Nul ne se salue. Qui engoncé dans son col, qui réfugié sous son parapluie, à petis pas pressés, l'on passe, jetant tout au plus à l'autre un regard furtif. La surface asphaltée reluit de pluie noire; le trottoir impassible, de lumière blanche argentée.

Il pleut. Hasarder une expédition. Se rendre au coin de la rue, au vidéo-club... A l'idée du film qu'on va regarder, intérieurement, on s'excite, on bave.

Une bande de jeunes transis, mains aux poches; de ces garçons qui, jamais très chaudement habillés, écument trottoirs et ruelles (il y a beaucoup de jeunes dans mon quartier: une autre raison qui nous y avait amenés, Nicolas et moi).

Jeunes d'aujourd'hui, sans passé. A l'avenir incertain. Jeunes nés sur la route de l'oubli. Jeunes baguenaudant, se regroupant, errant:

– Tiens, ENCORE une passante solitaire!

...De loin, le havre d'un couple. Au coin de la rue, une auto grise. Muette dans ses chromes rutilants, sa fraîcheur de gouttelettes ruisselantes. Bon décor pour un début d'intrigue...

Le moteur arrêté.

Des essuie-glace, le va-et-vient interrompu... Des portières claquent. Au fond du coffre, un attaché-case saisi, de lourds sacs d'épicerie. C'est un jeudi soir à l'opulence morose. Un soir d'avant-fin de semaine, dans l'automne qui rapidement s'avance.

Les regards des jeunes, les regards chargés de pluie, on les évite. A sa routine, on est totalement accroché. A ses petits sacs de commissions.

A l'intérieur de sa caverne nacrée ouatée, on se dépêche de rentrer. Quelle hâte de consommer, seul ou à deux, sa tranche de satisfaction, sa coupe d'égoïsme chambré, pétillant! De déguster devant la télé sa pleine bouteille d'indifférence!

Dehors, il pourrait bien pleuvoir des couteaux!

(Allez donc, aux humains, parler d'humanité en même temps que de bonheur individuel!)

12 novembre 96

Ces derniers temps, Leïla, mon élève libanaise, qui était tout yeux, tout oreilles, bâcle son travail, hausse le ton en parlant à ses compagnes, ne tient pas en place... Je ne reconnais plus ma sérieuse élève voilée.

– Tu m'as l'air énervée, Leïla; et puis, on dirait que tu n'as plus envie de travailler!

– ...Travailler, pourquoi? ...De toute façon, je vais bientôt quitter l'école!

– Quitter l'école!... Comment cela?

– Bientôt, je vais me marier, alors je n'ai plus besoin d'apprendre, m'avoue-t-elle, une pointe de déception dans la voix.

– Te marier!... Avec qui?

– Un Libanais de New York. Ma famille le connaît très bien. Il gagne bien sa vie. Il est chauffeur de taxi et aussi il a un magasin... Bientôt, il va venir rencontrer ma famille, les fiançailles vont avoir lieu. Cet été probablement, je vais déménager à New York.

– Vous êtes-vous déjà rencontrés?

– Non... je l'ai vu en photo.

– Est-ce qu'il te plaît?

– Je... je n'sais pas, mais il vient bientôt!

– Bon. A ta place, je ferais tout pour continuer d'étudier. Ton mari sera sûrement content d'avoir une femme instruite, qui saura éduquer ses enfants, les aider dans leurs études et qui, elle aussi, gagnera sa vie! A mon avis, tu devrais essayer, lors de votre rencontre, de lui parler de cela.

Cette annonce du départ prochain de Leïla est pour moi inattendue, déconcertante.

Ma déception, je ne cherche pas à la cacher. Mais Leïla continue, m'apportant des précisions supplémentaires.

– Je vais faire connaissance avec mon fiancé, ensuite j'irai à Toronto afin d'aider ma sœur qui attend un bébé. Peut-être que je vais revenir étudier après. Peut-être!... C'est pas sûr!

...

Reviendra-t-elle vraiment? Si oui, pourra-t-elle en septembre intégrer le secondaire IV ainsi qu'elle le devrait?

Que faire? Une de mes anciennes élèves, Afgane de bonne famille, une de ces familles en partie décimée (le père, la grand-mère et un des frères avaient été tués lors d'un accident survenu durant l'exode en Inde, la mère, âgée de cinquante-cinq ans, vivait enfermée chez elle; ne parlait que sa langue natale). Une famille ruinée par la guerre; Tamara, donc, avait été promise à un Afgan devant sous peu, lui, rejoindre sa propre famille, établie à New York.

Les deux premières années de son arrivée à Montréal, de peur qu'elle ne soit corrompue par la société nord-américaine, le futur mari, depuis le Pakistan, avait interdit que sa promise fréquente l'école.

Ensuite, ayant finalement pu revenir étudier, Tamara, intelligente, consciente de ses lacunes, de son retard accumulé, était angoissée, déprimée. A l'issue d'une seule année scolaire, elle s'était mariée et était allée vivre à New York. L'année suivant son mariage, de passage à Montréal, la jeune fille vint me rendre visite. Elle se déclarait heureuse, ce que, à en juger par sa mine épanouie, je n'eus pas de peine à croire. «Mon mari», me dit-elle, «est tendre, amoureux». Elle m'annonça qu'elle venait de reprendre ses études. Egalement, qu'elle allait sous peu obtenir son permis de conduire. Je fus étonnée de voir qu'elle ne portait pas le voile.

Leïla, elle, comment s'en tirera-t-elle?

13 novembre 96

Aux débuts de la Nouvelle-France, être infirmière, tout comme être enseignante, cela sous-entendait que l'on soit dotée de prodigieuses facultés d'adaptation, de la capacité de se surpasser.

En plus de savoir obtenir les appuis nécessaires en France, et par conséquent les subventions, celles qu'on appelle les *femmes fondatrices* devaient, en des situations extrêmes, se débrouiller. Je pense à Marie de l'Incarnation, qui avait appris à parler quatre langues amérindiennes. A la jeune Jeanne Mance, fondant son Hôtel-Dieu en pleine menace iroquoise (malgré tout, elle réussit à soigner quelques-uns de ces *ennemis*), faisant face quotidiennement à toutes sortes de problèmes.

Tel fut le courage de ces femmes. Tel fut leur esprit d'aventure, leur dévouement. Au même moment, certains envoyés du roi, eux, songeaient bien plus à se remplir les poches...

Dans nos écoles, actuellement, le rôle des infirmières consiste surtout à faire de la prévention. Pourtant, face à des situations d'urgence, il leur faut également intervenir avec efficacité.

Par le passé, j'avais eu l'occasion de voir à l'œuvre une de mes proches amies, infirmière scolaire et de constater combien ce rôle exigeait, en plus de la connaissance des jeunes, intelligence et sang-froid.

De notre infirmière actuelle, le jugement, la rapidité à décider, j'ai eu également plus d'une fois l'occasion d'apprécier.

L'an dernier, j'avais pour élève Claudia, une jeune Chilienne. Les tensions dans la famille et les difficultés économiques semblaient grandes. Claudia n'allait pas bien. Son amaigrissement me faisait craindre un début d'anorexie et je l'avais envoyée consulter l'infirmière, qui lui avait obtenu un rendez-vous avec un médecin. On pouvait s'attendre à ce que la jeune fille se porte mieux...

Mais un matin, à la récréation, Claudia pleurait. Remarquant la couleur anormale de son teint, je l'entraînai à l'écart. Elle me déclara avoir le matin même vomi une certaine quantité de sang.

Immédiatement, l'infirmière rencontra Claudia. De toute évidence, cette dernière devait se rendre immédiatement à l'hôpital. Je n'avais pas de cours l'après-midi. C'est donc moi qui allai à l'urgence conduire Claudia, accompagnée de son petit ami. Il n'y avait pas perforation, heureusement, mais présence d'un ulcère.

Je passai ensuite la soirée chez mon élève à discuter avec la mère. S'immiscer dans les histoires de famille ou intervenir en des domaines qui relèvent de l'intimité des gens est chose délicate. Mais les sujets de tension familiale, la détresse et la pauvreté étaient si évidents. La mère de Claudia, sans emploi, était venue du Chili rejoindre le mari, plus jeune qu'elle.

Ce dernier, ayant immigré quelques années auparavant avait eu un enfant avec une compagne québécoise. Il continuait sa double vie. Et non seulement ne subvenait pas aux besoins de Claudia et de ses sœurs, mais amenait à la maison l'autre enfant, ce qui causait remous, querelles et chagrin.

– En plus d'avoir à supporter son fils, le frigidaire est toujours vide, me dit Claudia. Quand nous, on achète du lait, de la nourriture, c'est lui et son fils qui mangent!

On obtint un rendez-vous avec un travailleur social. Claudia fut employée le soir chez McDonald's. Au moins, pouvait-elle manger un ou deux hamburgers et gagner quelques sous.

L'année suivante, Claudia et sa famille ont dû retourner au Chili. L'immigration en avait décidé ainsi.

*

Les trois déesses de l'Egypte étaient Isis, Osiris et Clitoris.

L'enseigneur, JP Depagne.

Pour en revenir à l'infirmière, celle-ci doit sous peu venir rencontrer les élèves pour informations au sujet de la sexualité.

A l'annonce de cette nouvelle, vive réaction d'Ali. Le fait d'aborder ce sujet confirme à ses yeux ce que nous sommes: les Québécoises (les Occidentales), toutes des putes! (Les Québécois: des buveurs de bière, des dévoyés, des tapettes!)

Autant renoncer à lui expliquer le but, la portée de tels cours. Il déclare qu'il s'absentera ce jour-là; ce qui vaut mieux après tout.

Je l'entends débiter bêtises et fanfaronnades: la sexualité se résume à la pute que l'on paie pour s'amuser, un point c'est tout.

Leïla annonce qu'elle sera également absente ce jour-là. J'ai beau essayer de la convaincre, lui dire qu'une jeune fille sur le point de se marier aurait intérêt à se renseigner.

Ce n'est pas que le besoin de prévention m'aveugle totalement – et j'essaie de me mettre dans la peau d'un(e) émigré(e) dont les valeurs sont autres... Mais cela met d'autant plus en relief notre absence de cohésion sociale (le pluralisme ou le chacun-comme-il-peut?).

Du reste, si le milieu ambiant fait en sorte d'inciter les jeunes à une libre et précoce sexualité, en revanche, le rôle de l'école est de brandir le terrible spectre du SIDA et autres maladies!

A ce sujet, je donne la parole à Yin:

– En Chine, dit-elle, on ne va pas parler de ça en classe. Par contre une femme peut facilement obtenir la pilule anti-conceptionnelle, se faire poser un stérilet, ligaturer les trompes; et l'homme, être stérilisé.

Ceci donne à réfléchir... Toutefois, inutile d'imaginer chez nous une telle réserve!

Si au moins à l'intérieur des cours de sciences se donnaient de véritables leçons d'anatomie! Cela éviterait peut-être de postuler que tous les élèves ont une sexualité active dès le début du secondaire.

En attendant, les éducateurs essaient de répondre aux urgences. Pas question pour eux d'adopter la politique de l'autruche!

Ironie de la situation, Céline, l'infirmière ne sait apparemment pas enfiler un condom (sur le pénis en bois qui sert pour la démonstration). Par ailleurs, elle annonce de façon catégorique que chez la femme, le plaisir clitoridien est le seul. Ce que je trouve quelque peu erroné.

A entendre nier avec force le rôle de la pénétration masculine dans le plaisir féminin, il reste donc à conclure que toutes les femmes sont par nature... lesbiennes!

Me voici au fond de la classe. Attentive néanmoins à l'exposé. Brusquement, je réalise que plusieurs de mes filles ont décroché. Le regard de Teresa erre. Elle bâille. Rosario se fait les ongles!

S'agit-il de réactions de gêne, d'embarras? D'un réflexe de fuite devant ces questions compliquées, devant ce qui, de toute façon, relève davantage de la fatalité?

Ultérieurement, lors d'une conversation comme nous en avons parfois à la cafétéria, je me promets d'aborder les questions du refus, de la nécessité de se protéger soi-même; d'envisager des solutions de rechange au moins.

14 novembre 96

Entre l'arbre et l'écorce subsistent les vermisseaux.

Le gouvernement Bouchard vient d'annoncer qu'il ne coupera pas dans les conventions collectives des enseignants (son électorat, pour une bonne part); il supplie les syndicats de reprendre les débats.

– En 1992, déclare Michel, professeur d'éducation physique, on a gelé nos salaires, volé les 20% d'augmentation qui nous étaient dus et eux, les écœurants du gouvernement, se sont augmentés de 14%!

«Le marché, vrai responsable de l'échec de l'école québécoise», déclarait récemment le journaliste Larose, mettant en évidence le gros bobo.

En participant aux Etats Généraux, j'en ai appris long également sur la manière de penser de certains parents (d'ardents partisans de l'école privée, notamment, participaient à ces débats, mais aussi n'importe qui ayant envie d'y aller de sa petite idée au sujet de l'école: dans notre monde libre, pourquoi pas?).

A ces parents, comment expliquer que la qualité de l'école publique fit la force de la France, où à l'heure actuelle encore, nombre d'enfants de médecins, d'avocats usent leurs fonds de culotte sur les mêmes bancs que les fils d'ouvriers (à mon époque, il n'y avait guère que quelques catholiques ultras, quelques petits bourgeois collet monté, pour aller placer leurs enfants – parfois cacher leur peu de talent – à l'école primaire ou secondaire privée)?

Portés à imiter une fois de plus les Américains – mais le monde entier le fait, à plus forte raison le Québec –, ce que semblaient préconiser nombre de parents présents confirmait cette mentalité axée sur l'argent essentiellement. A ma grande stupeur, dans l'atelier auquel je participais ce jour-là, une dame tenait mordicus à ce que, dès les petites classes du secondaire, on récompense en argent les enfants pour leur fréquentation scolaire. Par contre l'idée de bourses, de vraies bourses, attribuées sur concours à des élèves doués ne soulevait pas beaucoup d'enthousiasme.

De la même façon, on a tendance à proposer l'utilisation de moyens technologiques comme solution-miracle à des problèmes reliés à l'utilisation d'une approche d'enseignement totalement disséquée, dépersonnalisée.

Lors d'une récente journée pédagogique, j'assistai à ce spectacle tout à fait désolant: mes collègues, excellentes profs de français parvenant enfin, à l'issue de discussions longues et pénibles (comme s'il s'agissait pour chaque titulaire de vendre sa matière!), par arracher, grâce au vote, trois périodes contiguës en français deux fois l'an. Ce qui permettra, deux fois l'an, de donner un examen, c'est à dire une vraie pratique d'écriture ou explication de texte en classe!

18 novembre 96

Première neige.

A voix haute, je lis quelques extraits d'un roman intitulé *La neige*. J'invite mes élèves à écrire également pour demain de petits textes narratifs ou (et) descriptifs, des textes exprimant leur surprise, leurs sentiments, les émotions ressenties lors de la première chute de neige.

Cet après-midi, dans la salle des profs, à l'autre extrémité de la table, les discussions vont bon train.

Un tel aurait décidé de prendre sa retraite à Noël. Pour tel autre, ce sera en juin. Celui-là aussi, paraît-il! Quant à tel autre, nul n'est au courant de ses projets!

– D'ici cinq ans, il ne restera presque plus de *dinosaures,* fait remarquer Mathias qui, bien qu'ayant obtenu sa permanence, se retrouve en surplus d'affectation à chaque fin d'année scolaire.

L'autre jour, trois jeunes suppléants réunis autour de la même table supputaient leurs chances de voir *tomber malade* un de ces *vieux* profs.

– Qu'il en crève! échappa l'un d'eux en plaisantant.

Pendant que d'anciens *babies* (de gauche!) boument au sujet des négociations actuelles, il y a en effet ces presque jeunes, qui, après dix ans et plus de suppléances n'ont toujours pas accès au véritable emploi; ces mêmes jeunes, étranglés par les dettes d'études à rembourser.

Ces jeunes dont on dit qu'au niveau syndical ils ne s'impliquent pas...

Pagaille cette semaine. Aux casiers, de nombreux vols. Des élèves se seraient emparés de la liste contenant les numéros de combinaison!

Heureusement la décision de Youssef, notre très cher éducateur-conseiller d'attribuer à tous sur-le-champ de nouveaux numéros, viendra rétablir l'ordre et calmer les esprits.

Il y a des jours où le temps se gâte. A ces moments-là, plus question de rester caché derrière le bureau, d'administrer l'enseignement à coup de comités dits de gestion, de circulaires-suppositoires; plus question de tout cela, à moins qu'il n'y ait à la barre un vrai second, un homme dévoué, efficace et toujours présent: comme Youssef!

19 novembre 96

Je me souviens: il m'était facile, amusant de voyager! Je devais avoir huit ou neuf ans, sur le trottoir une marelle tracée: l'Amérique du Sud. A pieds joints, je sautais d'un pays à l'autre, m'amusant chaque fois à trouver la capitale: Colombie: Bogota, Equateur: Quito, Vénézuela: Caracas... Entre Assumption et Montevidéo, j'hésite: Paraguay ou Uruguay?

Quelle veine, tout de même, de se faire jeter dehors après chaque repas – sieste du patriarche oblige –, ce qui me donnait l'occasion d'apprendre la géographie!

A cette époque-là, les Français imaginaient le monde comme un tout ordonné! Le monde, tel que je le vois maintenant, tel qu'énoncé par Jose Luis Borges, ressemble bien plus au chaos!

Une autre fois, je me rappelle, je devais être en quatrième ou cinquième année primaire. A la question de la jeune prof – Quelle est la capitale du Canada? – Québec, avais-je vivement répondu, c'est Québec! – Bravo, avait-elle applaudi! Et cela pour moi tint longtemps lieu de vérité... Je lui en voulus à cette institutrice, pourtant douce, patiente, jolie, le jour où j'appris la vérité... A cause d'une bourde lamentable, elle avait dégringolé à jamais dans mon estime!

L'enfance est ce qu'il y a de plus sérieux. Celui qui est occupé à se construire mérite mieux tout de même que des fadaises

Actuellement, en France, il existe malgré tout une cinquantaine de centres de rencontres internationales de jeunes, adhérant ou non à l'Unesco et permettant voyages, études, réunions, échanges culturels; centres accessibles aux Africains notamment (aux Français et à des gens de toute nationalité).

20 novembre 96

> *[...] Il a probablement raison,*
> *mais que faisons-nous au juste, nous, dans la médecine,*
> *alors que le monde s'accélère,*
> *et se révolutionne, sinon de la maintenance?*

> Jacques Ferron, *Rosaire.*

Sous la gouverne des directeurs-administrateurs roule la machine à enseigner.

Cinq minutes seulement pour changer de local.

La tâche des enseignants, des minutes, comme les dollars, syndicalement mesurées, comptées (ceci est de moins en moins vrai toutefois, les minutes des enseignants se changeant fréquemment en heures tardivement utilisées à résoudre toutes sortes de problèmes; ce sont les loisirs des enseignants qui bientôt se réduiront à n'être que des minutes!).

Pour l'élève, à peine le temps de se précipiter d'un rayon à l'autre. Sans réfléchir à la pertinence de l'achat, à son utilité véritable. Sans penser aux conséquences des gestes posés (sans penser véritablement à la gravité des options choisies par la société, à l'épuisement des ressources terrestres, sans penser aux dégâts causés à la nature, à la place de l'être humain par rapport à ses semblables, en relation avec l'environnement).

Naviguer d'un objectif à l'autre. Sans établir de liens. Le savoir n'étant pas, ainsi qu'il le pourrait, une conquête, une exploration, un défi de l'esprit, et par conséquent un plaisir; un tout qui peu à peu se met en place, devient signifiant. Mais l'acquisition, puisqu'il le faut, de connaissances morcelées, cloisonnées en vue d'accumuler des crédits.

NB: Au sujet du système des crédits appliqué au secondaire, il est à noter que cela a contribué à rendre le système plus difficilement accessible aux immigrés.

21 novembre 96

> *[...] Les malheurs, la misère, la maladie et la folie ont engendré des professions reconnues, diplômées et bien rémunérées qui les accaparent; la générosité, le bénévolat sont les ennemis naturels, comme ils le seraient dans n'importe quelle industrie.*
>
> Jacques Ferron, *Rosaire.*

Le comportement de Rosario, Laura, aussi Teresa, réfugiées en permanence au fumoir – ou cachées le midi à l'arrière du bâtiment –, me préoccupe. Mais en dehors de la classe, qu'y a-t-il pour les occuper?

À la cafétéria, nous mangeons ensemble.

– Toi, t'as déjà eu une gang? demande Rosario.

Je raconte une histoire vécue avec ma gang d'autrefois, *les sept* dont je faisais partie entre quatorze et dix-sept ans. Gang plutôt stimulante, positive. Une manière de s'amuser, de déconner, mais surtout de partager, de se confier; également de s'encourager, se soutenir dans la vie.

Nous parlons de tabac (en moi-même, je les appelle *mes trois cheminées*). Nous parlons d'autres choses qui se fument. Mais *on* a l'air étonnées. *On* ne fume que des cigarettes normales. Et pas beaucoup!, du moins, c'est ce qu'*on* affirme.

...

Glisser un mot à l'intervenant en toxicomanie au sujet de mes *trois cheminées*... (S'il y avait au moins des occupations valables, un encadrement hors classe!)

Parer au plus apparent, au plus pressé. C'est Laura qui davantage me préoccupe. Laura, quatorze ans, dispersée. Inventant sans cesse des histoires invraisemblables. Utilisant son intelligence pour semer autour d'elle désordres et conflits.

Mère et fille s'entendent comme chien et chat; elles en seraient venues aux mains récemment. Laura avait les bras couverts de bleus: des coups de balai. Youssef et moi avons convoqué la mère, organisé une rencontre à quatre, afin d'aider à trouver des pistes, à améliorer le climat.

Nombre de mères se retrouvent ainsi, divorcées et, dans certains cas, exclues du reste de la famille. Déracinées. Exclues du travail ou travaillant de longues heures pour un salaire très bas.

L'angoisse de la mère avec son enfant, la mère prête à tout pour sauver son enfant est une réalité criante qu'il est dangereux de nier.

Quel appui offre la société? Qu'y a-t-il pour permettre une vraie distanciation, pour faciliter l'envol de *l'oiseau*; et finalement le retour de la confiance? (l'appartenance à une secte, le refuge des témoins de Jéhovah?)

Lorsque vient le *passage*, le face à face difficile, mais pourtant nécessaire, cela risque fort de tourner à la névrose à deux.

Tout n'est que vide, indifférence. Les individus consomment seuls leur détresse, vivent ce lourd face à face.

Tel est le désespoir des mères (mère de fils, mais aussi de filles), mères québécoises ou néo-québécoises qui voient leur enfant leur échapper, rejoindre le bitume, alors qu'il aurait parfois suffi de peu pour qu'il soit sauvé!

22 novembre 96

Hier soir, rencontre de parents.

A l'entrée de la classe, un petit bout de femme, apparemment forte, la mère d'Ali: «Madame, difficile cinq enfants», me dit-elle, «grand garçon, très difficile. Merci à vous de s'en occuper!»

A cause des convictions affichées de mon élève libanais, je m'étonne du fait que la mère ne porte point le voile.

– Mon père, m'avait-il confié, avant, n'était pas très religieux. Maintenant, il a beaucoup changé (le père travaille à Beyrouth, envoie de l'argent à sa famille).

Le père de Bachir, quant à lui, un peu perdu, inquiet, comprend néanmoins que cette année scolaire est cruciale, et sa collaboration importante (le père, industriel devenu gérant d'un petit dépanneur).

– Tu as compris, dit-il, se tournant vers son fils, ici, pas de cadeaux, pas de privilèges!

Du reste, les parents m'ont souvent confié ceci: «Nous, ce qu'il nous reste, c'est l'espoir de voir nos enfants étudier, réussir au moins dans leurs études; pour nous, c'est fichu, on a tout perdu!»

C'est maintenant au père d'Azim que je m'adresse. Les résultats de ce dernier en mathématiques démontrent de bonnes capacités intellectuelles. Cependant, mon élève souffre d'un handicap auditif. Au début de l'année, il m'a déclaré qu'il porterait bientôt un appareil. Entre-temps l'appareil a été acheté, mais Azim refuse toujours de le porter.

Avec le père, il est convenu de l'y contraindre.

Hormis cela, le père trouve injuste de voir son fils en classe d'accueil. Pour lui, le niveau en mathématiques est seul déterminant.

Je viens de comprendre qu'il me faudra convaincre Azim non seulement de la nécessité de porter son appareil, mais aussi de l'importance du français, des arts, de l'histoire...

Reynaldo vient ensuite, accompagné de sa mère.

Pour l'occasion, il est vêtu d'un superbe manteau de cuir entièrement doublé de mouton. Non sans ironie, je me rappelle d'une histoire, lue dans ma jeunesse: *Le petit Ravageot*. Histoire du garçon difficile. La mère ayant tout donné pour en faire un jeune homme éduqué n'est plus qu'une misérable, une femme déchue, ignorée de tous.

Mais l'histoire, un peu dans la veine *Comtesse de Ségur*, finit bien: Ravageot devenu bon reconnaît sa mère; le cœur empli de bonheur et de gratitude, il l'aide à retrouver sa dignité.

A cela je pense. Car présente et soucieuse de la réussite de son fils est la mère de Reynaldo. Préoccupée également du bien-être, du confort de son enfant unique, aimé.

La mère d'Elisabeth (Elisabeth est maintenant soignée pour une malaria diagnostiquée récemment), et celle d'Emelyne se présentent en même temps. Pour les familles haïtiennes, la réussite scolaire est des plus importantes, même si nombre d'élèves accusent des retards. Aussi les deux mamans se montrent-elles très intéressées, en même temps qu'inquiètes à propos des résultats de leur fille.

La mère d'Andrea, une ancienne institutrice, est venue à son tour...

La mère de Laura est là, de nouveau. Petite, écrasée; mais lucide malgré tout et tenant à assurer sa présence. Encouragée, à la suite de la rencontre organisée par Youssef et moi-même, elle reste longuement à me parler, ne parvient pas à s'en aller.

La mère de Malika, à cause d'un horaire de travail infernal (elle a depuis peu trouvé un emploi éloigné du domicile familial), n'a pu se présenter. La communication s'est faite par téléphone.

La mère de Florence ne s'est pas présentée (la discussion au sujet du bulletin a eu lieu au téléphone).

Le père de Yin, par contre, est venu. Notre entretien a eu lieu en anglais. Il exprime son empressement à voir sa fille intégrer le secondaire V. Ce qui, à mon avis, est prématuré, car la compréhension de Yin en français n'est pas encore suffisante (ses absences ont également été nombreuses). Le niveau académique de mon élève, son âge ainsi que sa connaissance de la langue anglaise, me font redouter pour bientôt son départ vers un Cégep anglophone.

Entre-temps, d'anciens élèves qui ont intégré les classes du régulier paraissent à la porte.

Elena et Lina exhibent fièrement leurs bulletins. Aux dires de Raul, cette année au secondaire IV n'est guère si difficile! Marco a eu la gentillesse de m'apporter un jus de fruit. Grande est sa reconnaissance depuis que je lui ai consacré de longues heures de présence, de discussion alors qu'il se trouvait dans une phase suicidaire.

Vers dix heures, Roger, Francine, Eric et moi nous retrouvons dans la salle des profs. D'autres profs, nouvellement engagés, nous communiquent leurs impressions au sujet de cette première rencontre.

Magdalena, Lisbeth, Paola et Soumia viennent d'intégrer les classes du secondaire III et IV. Après qu'ensemble elles soient venues chercher leurs bulletins, avec un brin de regret, je les regarde partir.

Mais je sais qu'elles mettront les bouchées doubles, car ce sont de très bonnes élèves. Dès la prochaine étape, je ne doute pas un instant que leurs résultats seront satisfaisants.

Quelle chance que cette possibilité de demi-année sabbatique!
En ce qui me concerne, le voyage continue. C'est-à-dire que
je continue à t'écrire; à vouloir écrire cette histoire, celle de mes
élèves et aussi la mienne.

Quand bien même n'écrirais-je qu'un livre!

Quand bien même ce livre m'aurait coûté de la sueur, quand
bien même il m'aurait coûté du temps (coûté un peu plus que du
temps!)

Vivre, après tout, cela nécessite du temps...

L'écriture est l'inutile. L'écriture est l'utile. L'écriture est la vie,
l'action, l'engagement...

A cette station populaire de la radio, j'écoute un reportage au
sujet de la drogue.

La jeune psychothérapeute explique: la drogue est un
problème relié au groupe, à la gang. L'identité du jeune est trop
fragile. Et puis, les copains qui fument, ils ne s'en portent pas
plus mal! (leurs résultats ne sont pas si mauvais). Contrairement
à ce que les adultes ont l'air de croire, les «plombs lui ont pas
pété».

Fumer, c'est faire comme tout le monde, c'est être populaire;
par contre, si tu n'acceptes pas le joint, tu risques le rejet,
l'exclusion, la solitude.

...Des parents qui fument eux-mêmes. Qui dévalorisent leurs
enfants. (Mais comment valoriser ses enfants lorsque, dans la
société, on n'est soi-même qu'*une chiure de mouche*, un
consommateur dont, à force d'études statistiques, on a étudié le
comportement afin de l'attirer à grand renfort de promotions
publicitaires sur n'importe quel morceau de sucre?)

A la radio-confession, la Solution (non dépourvue de
sadisme): un de ces numéros 1-800...

Des organismes parents-secours. Prévention, contrôle, cure,
guérison. De votre mal de vivre – quelle chance –, tout le monde
parle, se préoccupe.

Drogue, suicide. Programme numéro tant et tant.

Intervention dès la maternelle. Pour apprendre l'estime de soi. Programme *Ecoute ton cœur*. Programme pour les six à douze ans. Apprendre à décider, à s'affirmer.

«Vous êtes le nez collé sur un miroir», dit la jeune thérapeute, «nous, nous allons vous aider à prendre du recul, à vous voir: à trouver la solution».

On aborde ensuite le sujet de l'homme violent.

En prison au moins, il est en contrôle. En prison, il ne boit pas, ne consomme pas. En prison, sa femme vient le voir. En prison*, il communique avec les siens. (Dès qu'il met les pieds à la maison, il leur tape dessus!)

Et pour finir, cette réponse à l'animateur qui demandait pourquoi elle aimait ce métier: «En même temps qu'on aide les autres, on s'aide soi-même...»

La situation décrite à la station de radio-sensation n'est nulle autre que le sordide, un cauchemar quotidien.

Si l'on s'employait plutôt à la faire saine, la société!

25 novembre 96

Depuis l'encoignure de ma porte de classe, j'assistais aujourd'hui à l'entrée des élèves de la classe voisine.

Le professeur attendu, occupé à faire jouer la clé dans la serrure, n'ayant guère eu la témérité d'étudier l'espagnol, ne se doutait guère de l'intérêt dont à ce moment précis il était l'objet.

Dissimulées derrière un beau sourire, ces paroles, dites à voix haute, presque aux oreilles du professeur en question: «Mira! viene el maricon!**»

– Maricon!... Ravale tes paroles, mon jeune ami! Au pays des droits de la personne, tu n'as guère le droit de t'exprimer ainsi...

---

* Les prisons, passées au privé, une autre *institution* devenue rentable... C'est déjà ainsi que les choses se passent, c'est ainsi qu'a lieu la désinstitution aux Etats-Unis.

** Maricon: pédale.

Vive dispute ce midi, me rapporte-t-on, à la cafétéria entre Sana, une élève algérienne, et Bachir. Sana, paraît-il, écumait de rage.

Décidément, Ali et lui y prennent plaisir. Plusieurs fois j'ai dû leur demander de cesser leurs gros mots, leurs insultes...

– Tu ne sais pas comment ils sont, les hommes arabes, les gros mots qu'ils disent aux femmes! m'avait dit Malika, en ce début d'année.

– Si je ne comprends pas l'arabe, ma chère Malika, si je n'ai point étudié l'idiome, j'en possède malgré tout quelques rudiments. Telle avait été ma réponse!

Le fautif est venu rassembler ses affaires pendant que Youssef l'attend dans le corridor.

Malika et Soumia, grandes amies de Sana, le regardent en coin, je les sens prêtes à sortir leurs griffes.

Les paroles de Soumia au moment où il sort, me laissent estomaquée:

– Ils n'auraient pas dû le laisser en vie! Les terroristes* auraient dû lui couper le cou, ajoute-t-elle, tournée vers moi, et joignant le geste à la parole!

En train de passer la porte, Bachir a pâli. Je m'attends à une réaction, un mouvement de colère. Rien! Il se contente de déguerpir.

Et Soumia de terminer:

– C'est à cause des gens comme lui, des riches, que ça va mal dans notre pays!

Plus tard, après que Bachir aura, devant témoins, présenté ses excuses à Sana, j'aurai droit, moi aussi, à une explication:

– Tous les hommes en Algérie disent de mauvais mots aux femmes. Ce n'est pas méchant, affirme-t-il, c'est une habitude.

---

* La raison qui aurait poussé la famille à quitter le pays serait les menaces proférées au père au sujet de ses deux enfants; celui-ci aurait dû verser aux terroristes l'équivalent de sept cent mille dollars afin qu'ils laissent la vie sauve à ses fils.

– Habitude! Et tu trouves ça bien, toi, comme habitude?

– Madame, je n'ai pas voulu la choquer!

– Que ceci au moins te serve de leçon!

L'après-midi, Bachir, si volubile, si vivant à l'accoutumée, le nez dans ses cahiers, ne bronche pas d'un poil.

27 novembre 96

Leïla quitte bientôt l'école. Ne point manquer l'occasion de saluer son départ...

Ce matin, à la récréation, je la vois, entourée de deux ou trois amies, en train de chuchoter. Quelle n'est pas ma surprise, lorsqu'elle me montre ses photos!

Une magnifique chevelure que nul d'entre nous auparavant n'a jamais vue... Ô surprise! les photos révèlent également une jeune fille très légèrement vêtue, très fardée.

J'en demeure bouche bée.

Les tenues nombreuses, variées, à mes yeux, cela ressemble à la garde-robe d'une professionnelle: déshabillés transparents, bretelle tombante laissant voir la moitié d'un sein. Robe à paillettes ultra moulante, ultra mini et ultra décolletée (et Leïla est plutôt du genre «grassette»)!

Pour compléter le tout, paupières et cils lourdement maquillés, profusion de fard à joues; rouge à lèvres éclatant.

Ma petite élève de seize ans, ce *pot de peinture!* Plutôt un symbole publicitaire pour la marque Sico!

Face à ces photos nombreuses (il y en a environ une cinquantaine), un doute un instant m'effleure: s'agirait-il d'un commerce de charmes?

– Qui a pris les photos, Leïla?

– C'est ma sœur.

– Et c'est pour ton... pour ton... fiancé?

Mon air ahuri doit lui inspirer pitié, car Leïla s'empresse d'expliquer:

– Chez nous c'est comme ça. A partir du moment où les gens sont fiancés, il n'y a plus rien à cacher. Qu'est-ce qu'il y a? Tu as l'air étonnée!

– C'est que, vois-tu, tu es jeune et je n'ai pas l'habitude de photos aussi... osées... Tu crois vraiment que cela plaira à ton fiancé?

– Bien sûr, me dit-elle (quelle question!); puis, moqueuse, rieuse, à l'égard de cette prof qui ne semble même pas connaître...: Pourquoi tu n'aimes pas ça?

– Disons que... je ne suis guère habituée.

Tout de même, quelle surprise! Entre la jeune fille voilée, sage, studieuse, me faisant face chaque jour, et la femme fatale que je viens de découvrir sur les photos!

L'Orient est manifeste, après tout, malgré sa présence voilée...

L'éclat de l'Orient à côté duquel je me sens pauvre tout à coup.

28 novembre 96

– A dix-sept, se vantait aujourd'hui Bachir, discourant avec deux jeunes filles, l'autre jour, on s'est retrouvé à dix-sept dans une des petites salles de la bibliothèque.

– Oui, renchérit Ali, et avant-hier on a enfermé le gardien de la piscine dans les toilettes après lui avoir subtilisé les clés (Ah! Ah!).

– Et on vous a laissé faire?

– Ben... la piscine, on n'a plus le droit d'y aller.

Il y a de cela quelque temps, Ali m'avait demandé d'écrire une lettre pour le recommander à un employeur. Au sujet de l'emploi, je le questionne.

La tête basse, marmonnant, il me répond:

– Plus d'ouvrage.

«Gros bébé gâté, va!» Voilà ce que j'aurais envie de dire en ce moment!

UNE QUESTION DE FAMILLE

LES ENFANTS

Ils n'ont pas l'air à le savoir
Mais on s'est fait ben du sang noir
A essayer d'joindre les deux bouts
Pour qu'ils ne manquent jamais de rien,
Des souliers pis des caoutchoucs,
Un sac d'école et des patins,
Et puis aussi un petit train,
Pourtant on avait pas l'moyen.
Et puis encore je me souviens,
Une fois à Pâques, un p'tit poussin
Qui avait coûté cinquante cennes
Et ils l'avaient tué...bonyenne.

Ah non y s'sont pas aperçus
Comment qu'on s'est fendu le cul
Pour leur ach'ter du linge d'hiver
Et c'était toujours à refaire.
Et venait l'temps des vacances
Y avait encore de la dépense
Pour les envoyer sur une terre
Faire les foins et prendre l'air.
Et quand ils pognaient la picotte
Qu'on se faisait du mauvais sang
Qu'on avait peur que par la porte
La mort vienne prendre nos enfants.

Ah oui qu'on s'est donc inquiété,
Des longues heures à la veillée,
Priant les saints et le bon Dieu
De les aider à prendre du mieux.
Eux autres ils ont rien vu d'tout ça,
Les larmes, l'angoisse et les tracas,
Et quand un jour ils sont des hommes
Avec des mots qui pèsent une tonne
Ils nous fendent le coeur en deux,
Quand on s'est tant fendu pour eux.

C'est à s'demander, sacrement,
Si ça vaut la peine d'faire des enfants.

Allez et ne vous reproduisez plus, Raymond Lévesque
(Ed. Humanitas, 1994)

29 novembre 96

Une chose à espérer dans sa vie de femme ou d'homme, n'est-ce pas de réussir à fonder un foyer?

Aborder le thème de la famille à la lueur de quelques textes littéraires faciles est donc réfléchir à ce qui est vital, important pour mes jeunes.

A l'époque de Noël, ce sujet qui permet d'échanger à propos des traditions de différents pays me semble approprié.

Dans les lectures proposées, il sera question de la famille et des traditions familiales québécoises. Aussi de la famille chinoise, amérindienne, russe...

Ensuite ce sera au tour des élèves d'écrire un texte sur la famille et les traditions de leur pays.

Les traditions ne doivent cependant pas contribuer à nous enfermer dans un esprit de clan, mais constituer un lieu permanent de tolérance, de respect, d'action possible. Sans cela qu'aurions-nous à proposer à nos successeurs ou descendants? La superficialité, l'anesthésie, une insupportable et sordide neutralité?

(Je cherche aujourd'hui, un exemple de cohésion sociale récent, il y en eut un, tout de même: en Belgique, ce défilé de foules silencieuses, les jours blancs, protestation nationale contre la justice et le gouvernement belges à la suite de l'horreur Dutroux...)

Parler de sa famille, de ses traditions, apprendre celles des autres; échanger intensément à ce sujet. Et peut-être réussir à ne pas mourir, mais à vivre dans une autre famille.

Une famille élargie, une famille québécoise nouvelle...

Ma famille.

Lorsque je dis famille, je devrais cependant dire mon fils unique, Nicolas. Né au Québec, *ma petite Amérique francophone à moi*. Et je dis ceci en me rappelant les paroles de la chanson

Madeleine, puisque ce plat pays, ce ciel gris étaient aussi les miens...

4 décembre 96

Une nouvelle élève vient d'arriver: Natalia, jeune fille de Kiev au teint livide.

Natalia m'a expliqué avoir subi plusieurs opérations à la hanche et se trouver sous surveillance médicale constante.

Je ne puis m'empêcher de frémir, en pensant au nombre de Natalia qui d'un coup, à l'issue d'une catastrophe, pourraient nous arriver (ou crever au loin).

A Cuba, j'ai déjà vu de ces petits enfants sans cheveux, le visage gonflé par la cortisone. On les soigne quelque temps, puis ils retournent dans ces endroits maudits soumis aux radiations.

11 décembre 96

Les textes écrits sur la famille me sont parvenus.

Le texte de Malika se résume ainsi:

En relisant mon brouillon je me suis rendu compte d'une chose: ma famille algérienne ressemble un peu à la vôtre. La famille pour moi c'est le Ramadân, c'est un mois de plaisir. On prépare plein de bonnes choses, les grand-mères gâtent les enfants. Dans deux ans, je le jure, j'irai passer tout l'été en Algérie... Et j'espère retourner un jour travailler pour mon pays...

Les autres textes sur l'Algérie mettent en évidence l'aspect *réconciliation* des fêtes ainsi que leur côté hautement religieux. On décrit les rituels particuliers; les dates des fêtes de l'Aïd, du Mouloud n'ayant évidemment rien à voir avec nos fêtes. On explique également la façon dont se déroulent les fêtes en ces temps de guerre civile.

Rosario écrit à propos des clans familiaux mexicains. Elle souligne l'hypocrisie des familles très catholiques songeant à préserver privilèges et biens. Certaines familles de Mexico possèdent à elles seules des quartiers entiers de la ville. «Il est impossible de franchir les classes sociales», écrit Rosario, soulignant également le machisme: «les mariages sont arrangés par les hommes afin de conserver les biens dans la famille».

Andrea tient à souligner l'importance de la politesse en Roumanie ainsi que la galanterie des hommes envers les dames. Entre voisins, les invitations sont fréquentes et les rituels importants, tels les baptêmes, les mariages etc., écrit Andrea. L'hospitalité roumaine serait un fait. «Et puis», dit Andrea, «les Roumains ont le sens du devoir; les jeunes, l'esprit de sacrifice envers la patrie». «De nombreuses possibilités leur sont offertes d'étudier gratuitement quel que soit le niveau». Andrea fait remarquer la sévérité des parents, des professeurs.

Ali, quant à lui, s'est appliqué dans ce texte, dont le sujet revêt visiblement une très grande importance, que dis-je une importance capitale. «La famille, c'est tout pour moi», dit-il, «sans ma famille, je suis mort». Ali raconte ensuite l'histoire des jeunes combattants palestiniens. Il dénonce le fait que les Arabes libanais au lieu d'aider les Palestiniens, sont leurs ennemis. Son texte se termine ainsi: «Et nous, Palestiniens, comptons sur les Canadiens et les autres pays pour nous aider, mais pas sur les autres pays arabes». (Plusieurs textes étant lus à voix haute, et la présence de Natalia m'obligeant à une certaine vigilance afin de ne pas reconduire en classe une guerre israélo-palestinienne, j'ai fait en sorte de vérifier le contenu du texte d'Ali avant de lui donner la parole.)

Ali, la vie, la mort...

L'autre jour, Ali a raconté que le matin, après les bombardements, son père et lui descendaient dans la rue. Il fallait bien nettoyer; dans des sacs de plastique, ils mettaient les restes humains.

C'est au tour de Yin de s'exprimer. Elle expose d'ailleurs deux points de vue:

Le premier est celui de la tradition. Les grands-parents chinois sont à la charge de leur famille. «Tous les membres se cotisent pour les faire vivre», explique Yin. Il est important d'avoir un garçon; la fille, appelée à rejoindre la famille de son mari est appelée *petit enfant d'extérieur.*

Yin nous entretient ensuite des changements importants intervenus dans la famille chinoise depuis que la femme travaille.

Lorsqu'il y a bris de couple, ce serait plutôt la femme qui abandonne le mari. Auparavant la tendance était inverse. Yin se montre blessée par la question méprisante qu'un Québécois lui aurait posée récemment: «Est-ce que les Chinois mangent sur la table et les Chinoises sous la table?» «Les Chinoises que je connais«, aurait répondu Yin, «sont très habiles; elles font des enfants, trouvent toujours de l'argent et parviennent à bien s'occuper de toute leur famille!»

Florence parle de *sa trouille*, de son inquiétude à l'égard du père. «En Haïti, il ne prenait jamais de repos, on aurait voulu faire des pique-niques, prendre du bon temps ensemble», dit-elle. «Après une crise cardiaque, affronter la chaleur ne lui était pas recommandé; or, il n'était pas question pour lui de diminuer ses activités». «C'est pour ça que j'aime ma famille même si les hommes haïtiens ont des défauts.» «Ma mère ferme les yeux sur certaines choses», ajoute-t-elle, «mais le plus important, c'est qu'*ils* savent partager et pour cela je l'aimerai toujours.» (Florence parle-t-elle de cet autre père, l'actuel compagnon de sa mère?)

16 décembre 96

> Je suis un homme simple avec des mots qui peinent
> et je ne sais pas écrire en poète éblouissant
> je suis tué (cent fois je fus tué), un tué rebelle
> et j'ahane à me traîner pour aller plus loin
> déchéance est ma parole depuis des suites de pères
> je tombe et retombe et m'agrippe encore
> je me relève et je sais que je t'aime
> je sais que d'autres hommes forceront un peu plus
> la transgression, des hommes qui nous ressemblent
> qui vivront dans la vigilance notre dignité réalisée
> c'est en eux dans l'avenir que je m'attends
> que je me dresse sans qu'ils le sachent, avec toi

Gaston Miron,
L'homme rapaillé

Miron est mort le 15 décembre. Gass, ainsi nommé par ses amis, ne parlera plus. Le célèbre poète, *l'homme rapaillé*, celui dont l'implication au niveau culturel fut malgré tout déterminante, j'ai eu l'occasion de le rencontrer à quelques reprises. Il disparaît avec ses secrets.

Faire circuler un extrait de *La marche à l'amour* me paraît la moindre des choses. Cependant, je constate que parmi les professeurs de français, mon geste ne suscite que très peu d'intérêt.

Allez ensuite parler d'intégration à la culture québécoise!

Après toutes ces années, il est étonnant de constater qu'il y ait si peu d'unanimité au sujet d'un Miron. Dans le manuel scolaire de mon neveu, étudiant au secondaire IV en France, lors d'un voyage, j'ai trouvé au moins un poème de Miron!

Moi, la *néo*, me voici avec l'impression curieuse d'être un peu plus royaliste que le roi!

Miron aura droit à des funérailles nationales.

Il me semble que je l'entends, Gaston Miron, au fond de sa tombe: «Bah!... des funérailles nationales... pourquoi pas!»

...Cet extrait de *La marche à l'amour* a été distribué aux profs de français. Dans ma classe d'accueil, nous le lirons, le commenterons.

17 décembre 96

Une fête a lieu, pour le personnel, organisée par le comité social dont je fais partie.

Une partie de la bibliothèque a été décorée, et grâce aux services d'une dame traiteure, offrant d'excellents prix, il a été possible de régaler les quatre-vingt-cinq personnes présentes à ce buffet beau, bon, pas cher, ceci permettant plus de participation des jeunes professeurs, pas toujours très en moyens.

A mon grand regret, mais sans que cela ne m'étonne vraiment, je viens d'apprendre que Yin est en train de passer des tests pour être admise dans un collège anglais.

Pour compléter ses apprentissages en français, elle aurait besoin de quelques mois supplémentaires, mais à dix-huit ans révolus, le temps presse. Du reste, tout élève inscrit en classe d'accueil ne peut être admis au Cégep francophone sans avoir préalablement décroché le diplôme d'études secondaires. Ce départ est donc pour Yin un moyen de gagner du temps.

Du reste, le père s'exprime en anglais, la plupart de leurs amis sont des Honkongais, anglophones eux aussi.

18 décembre 96

Demain aura lieu le spectacle de l'école auquel jusqu'ici ont participé assez largement les élèves des classes d'accueil. Toutefois, depuis l'an dernier, une large place est faite à la sono et au spectacle rock.

Ce soir, lors de la répétition générale, les élèves ont attendu longtemps avant de passer en scène. La sono et les appareils loués pour le spectacle rock conditionnent l'horaire: la répétition des numéros du spectacle amateur aura lieu à dix heures trente; j'attendrai pour raccompagner chez eux mes deux élèves qui font partie du spectacle, car l'école est éloignée de leur domicile et les parents n'ont pu les accompagner.

Faudra-t-il dire adieu une fois pour toutes aux spectacles amateurs au profit du rock?

19 décembre 96

Ce soir, écrire à ma propre famille.

Cher Nicolas,

Que feras-tu à Noël?

Je suis heureuse d'apprendre que t'es trouvé un petit boulot à Montpellier. De plus, tu t'es fait une nouvelle amie: Bravo! Il est vrai que les jeunes filles françaises aiment les jeunes hommes du Québec..., comme les jeunes filles du Québec les jeunes hommes français.

Tout semble donc bien aller pour toi.

Je te remercie pour ta carte. Recevoir du courrier me fait toujours grand plaisir. C'est gentil également de vouloir m'envoyer un cadeau. Mon programme de vacances est le suivant: un peu de ski de fond, quelques bons repas... De la lecture, de l'écriture...

Je te souhaite de joyeuses fêtes et une bonne année; envoie-moi des photos.

Je t'appellerai le jour de Noël. Tu peux m'appeler aussi, car j'ai invité quelques amis à la maison.
Affectueusement.

Chère Marike,
J'ai bien reçu ta carte de l'île Mayotte. Rêver de fleurs de vanille et de coquillages, au seuil de l'hiver, cela fait du bien.
Quelle chance est la tienne de pouvoir joindre l'utile à l'agréable. Ainsi il y a une école d'infirmières à Mayotte (je t'avoue ne rien connaître des Comores)?
Quelle sera ta prochaine destination?
Es-tu allée à Bucarest cet automne, rencontrer comme prévu ton homologue Catarina? Prévois-tu retourner en Moldavie et reçois-tu encore des infirmières de Yashi?
Parle-moi de tes projets. Je sais qu'il était question d'un voyage en Afrique...

A quand cette déroute hivernale en ski? Je t'invite, même si je sais que sportive comme tu es, tu risques fort de me battre sur mon propre terrain.
Pour Noël voici mon programme: messe de minuit familiale chez les Dominicains. Il en reste quelques-uns au Québec, et plusieurs d'entre eux, bien que plus très jeunes, jouent encore un rôle important en tant que penseurs ou acteurs dans la société.
Le jour de Noël, ce sera un repas à la maison.
En espérant te lire de nouveau bientôt. Joyeuses fêtes à toi.
Ta sœur qui ne t'oublie pas.

En matière de spiritualité, et pour illustrer l'écart entre riches et pauvres, de plus en plus visible et contre lequel les généreux élans comme la guignolée ne sauraient suffire, je recopierai ce petit extrait. Ce très beau chant du Québécois-Montréalais, voix exprimée en 1939, lors d'une époque de crise économique également, dans les poèmes de Jean Narrache/Emile Coderre. Extrait d'un poème intitulé: *Si j'rencontrais Diogène*:

> *[...] J'y dirais ben droit'c'que j'en pense*
> *Si j'le rencontrais dans l'quartier*
> *D'la Bourse et de la haut'finance,*
> *Parmi les agents, les courtiers:*
>
> *«Ecout', mon vieux, j'crois qu'tu gaspilles*

Ta mêch'pis ton huil'de charbon;
Parmi tout c'mond'-là qui fortille,
Tu trouv'ras pas grand'chos'de bon.

«J'vas t'dir', mon vieux, sans t'fair' de peine,
Te v'là dans l'pir'coin d'Montréal.
Sauv'-toé d'icit'! pauvr' Diogène,
Tu vas t'fair' voler ton fanal!»

DEUXIEME PARTIE

«[...] Ici s'initie une nouvelle ère dans la communication, à laquelle – chanceux – vous n'êtes pas obligé de participer.

A partir de maintenant, toute information autorisée vous parviendra par le biais des ordinateurs. Vous n'avez qu'à appuyer sur les boutons. Le vert pour mettre en marche, le rouge pour éteindre. La société globale pour l'oisiveté est heureuse. C'est l'avènement de son rêve le plus cher. Ne pas avoir de responsabilité dans la vie. Tout ce qu'il faut faire pour obtenir une carte codifiée, c'est... d'être en vie. Toute histoire qu'on aura la prétention d'écrire à partir de maintenant sera considérée comme un attentat à la société majoritaire.

Si vous deviez succomber à la tentation de... enfin... il se peut que, sachant qu'il n'y a pas de papier, vous n'ayez pas le culot d'inventer des histoires qui n'ont jamais été écrites et qui, finalement, resteront enfouies dans les esprits autres que le vôtre.»

Ministère du contrôle intellectuel.

Le dernier livre
(Gloria Chavez Vasquez, Colombie-Etats-Unis,
paru dans *Ruptures*, 1997)

DIRECTION ORIGINES

3 janvier 97

En cette fin de vacances, je relis un texte, rédigé l'été dernier et dans lequel je relatais ma conversation avec deux jeunes filles au lieu-dit le *Tam-Tam*, situé au bas du mont Royal (conversation ayant porté sur leur instrument à cordes, appelé *berim-bao*). Et me voici soudain amenée à me poser la question suivante: au-delà de la recherche d'exotisme apparentée à une mode africaine – que d'aucuns appelleront rétrogradation de nos mœurs – qu'y a-t-il dans cet engouement grandissant pour l'Afrique?

Au beau milieu de l'hiver, je ne crains pas d'avancer cette idée quelque peu farfelue: l'idée d'une Afrique personnelle, ceci faisant écho à l'idée de mon *Arabie*, précédemment mentionnée.

Mon Afrique personnelle, ce serait évidemment le Nord.

Et je pense immédiatement au *chti*'*, du moins à ce qui s'en rapproche: mon patois, mon *créole*, que j'ai pourtant cessé d'utiliser depuis aussi longtemps que la petite enfance.

Lors de visites à ma mère dans ce coin de mon pays natal, entendre parler patois m'est toujours en premier lieu étrange. Passée cette première réaction, j'ai remarqué que le fait de me trouver en présence de personnes s'exprimant encore ainsi me donne l'envie de le parler moi aussi.

D'une part, j'éprouve du respect pour ce code utilisé par mes interlocuteurs, car ces derniers sont souvent de vieux paysans. Ces personnages, où qu'ils vivent sur la planète, sont à mon avis des sortes de bibles, d'encyclopédies humaines, de parchemins

---

* Patois ch'timi ou ch'ti, «toi et moi» se disant: «ch'ti et mi». Dès l'école maternelle, à l'âge de deux ans et demi, j'étais donc bilingue!

qu'il faudrait protéger, au moins au même titre que les espèces animales en voie de disparition!

D'autre part, quoique un peu anachronique, ce parler m'est agréable. Je le trouve ludique, créatif, et, de crainte de l'oublier, ce patois, je ne manque pas d'inscrire dans mon carnet plusieurs expressions; même s'il est affreux, insolite, surtout pour les gens pour les gens honnêtes, polis et si bien éduqués!

Ce qu'à dessein j'appelle mon Afrique personnelle, cet archaïsme du Nord associé à l'ambiance champêtre, est l'expression du naturel et de la fantaisie. C'est le burlesque, le sensitif; l'expression de mon instinct. Ce qui, dans la peinture de Chagall me fait penser à cela, et par conséquent m'attire: le rustique étroitement associé au mystique.

Sans doute ont-ils perdu, les Français, en s'éloignant de cette spontanéité, de ce naturel paysan.

Au Québec, cette gaieté, ce côté burlesque s'est longtemps gardé. Et, pour cette raison sans doute, dès mon arrivée, je me suis sentie à l'aise parmi les Québécois.

S'il me paraît opportun de réfléchir à propos de mes origines, et d'évoquer en même temps l'Afrique, ce n'est évidemment pas dans le but de comparer mon sort à celui d'une femme rwandaise, ce qui serait pour le moins irréaliste, mais bien pour souligner le sentiment d'une appartenance très *terrienne*, universelle; cela associé à mes idéaux a dû jouer autrefois dans le choix de mon métier.

Il m'est agréable de communiquer avec mes semblables quel que soit le lieu de leur naissance; ce qui m'incline à penser que les paysans ont un *langage,* et qu'ils se reconnaissent.

Mon Afrique personnelle engloberait tout cela: cet enracinement de paysanne relié à d'antérieures joies bucoliques (même si mes parents n'étaient pas fermiers, je l'avoue sans honte aucune, mon premier travail ou *job* fut celui de la terre!), à l'amour et la connaissance d'un environnement naturel; la maîtrise d'un créole et la joie de vivre, de communiquer. Egalement la danse, les rythmes chauds, naturels, me viennent facilement, et j'en aime l'intensité.

Entre les années 1950 et 1960, la France était encore rurale en majorité. Issue du Pas-de-Calais, un département très agricole (et industriel), très peuplé (villes et campagnes), il m'a fallu longtemps pour découvrir à quel point son environnement champêtre et humain m'avait marquée.

En dépit de son avance technologique, la France demeure le pays d'Europe où l'agriculture est la plus importante. (Le vieillissement des exploitants fait craindre toutefois pour l'avenir; du reste, je ne crois pas que les citadins petit-bourgeois-consommateurs français se soucient du sort des paysans francais, et à plus forte raison des paysans africains. Où qu'ils vivent, les citadins-consommateurs sont trop occupés à faire face à toutes sortes de détails quotidiens reliés à leurs habitudes matérielles; ils se consacrent à leur équilibre dans le système, à leur bonheur et à celui de leurs proches, voilà tout.)

«Ce n'est pas seulement du blé qui sort de la terre labourée, c'est une civilisation toute entière», disait Lamartine.

«J'ai choisi mon peuple noir peinant, mon peuple paysan, toute la race paysanne du monde», disait à son tour Léopold Senghor.

Dans ma jeunesse, les acquis transmis par les traditions artisanes ou paysannes avaient leur importance. Mais au pays de mes ancêtres, il sera bientôt inutile de chercher de véritables pommes de terre, car les producteurs de frites surgelées McCain auront sous peu racheté la plupart des exploitations!

Qu'en est-il de l'autonomie des petites gens, de ce qui constituait liberté, équilibre, bonheur simple, spiritualité?

Les cultures industrielles envahissent la France et l'Europe. Ce qui correspond à la perte de notre Afrique personnelle.

Du monde on gomme l'Afrique et l'enfance.

Je tiens à citer ce passage d'un article de Bernard-Marie Koltès*, auteur de la pièce de théâtre *Combat de nègres et de chiens*, qui dénonçait ainsi l'horreur, découverte lors de son voyage dans le delta du Niger: «Les dollars du pétrole ont achevé

---

* Revue *Europe*, numéro consacré à Bernard-Marie Koltès, 1997.

ici l'œuvre du colonialiste anglais; la corruption est à la base de tous les commerces; le choc de la technique a troublé les esprits».

Le nombre de citadins, c'est-à-dire de descendants de paysans – descendants de Noirs ou de Blancs –, ne cesse d'augmenter. Il n'est donc point étonnant de voir apparaître cette autre *africanisation,* ce paganisme; nouvelle recherche d'intensité sensitive et de spiritualité entremêlées.

6 janvier 97

Le jour de la rentrée de janvier, en plus d'avoir du mal à se remettre au travail, les élèves sont parfois d'humeur maussade.

En l'absence des grands-parents, oncles, tantes, cousins et cousines, le premier Noël est dur pour le moral. Le réflexe est souvent de se terrer, de rentrer à l'intérieur de soi; recul compréhensible face au premier assaut des grands froids. Les loisirs des jeunes se résument alors à s'écraser devant la télé.

Sachant cela, j'ai pris l'habitude de commencer par une petite fête. Manger la galette et tirer les rois, tel est le programme du premier cours aujourd'hui; basse manœuvre, agréablement corruptrice, s'il en est, à l'efficacité éprouvée!

Mais avant même que j'aie le temps d'annoncer le programme, ce sont eux qui, affectueux, visiblement heureux de me retrouver me souhaitent bonheur et chance. Emue, je m'arrête, cherchant une réponse à la hauteur de ces tendres manifestations.

Une phrase d'Albert Schweitzer me revient en mémoire. Saisissant la craie, je l'inscris au tableau: «Si les hommes devenaient en réalité ce qu'ils sont à quatorze ans en possibilité, que le monde serait différent!»

«Le possible, c'est vous!» dis-je, presque solennelle en me retournant. «Pour moi, vous êtes en pleine possession de vos moyens; allez-y, foncez, le seul risque encouru est celui de la réussite!»

Et finalement j'ajoute (quelle verve, décidément!): «C'est parce que je vous connais maintenant depuis plusieurs mois que je puis vous exprimer ma confiance en vos capacités.»

J'ai lancé cela sous le coup de l'affection. Mes paroles sont suivies d'un moment de silence, de gravité; puis, sur les visages se dessinent d'indéfinissables sourires.

Afin de prolonger cet instant d'euphorie, je m'empresse d'aller quérir ladite galette.

...

La fève trouvée. La reine s'est choisi un roi. Cela a donné lieu à quelques jeux... (Fait curieux, parmi les musulmans, il n'y en a que deux à ne pas manger, je croyais pourtant le Ramadân commencé!)

A chaque début d'année, j'entends des jeunes y aller de leurs timides et pathétiques résolutions: «Faire davantage de sport», «Consacrer plus de temps à mes études», «Mieux me nourrir»; ce qui au fond n'est déjà pas mal. Mais cette absence de grandes ambitions me semble l'indice que ces jeunes se demandent vers quels horizons se tourner.

Pour ma part, j'ai beau les voir tous devenir de grands hommes et de grandes femmes, le temps n'en est pas moins venu de dresser le bilan de ce qu'ils ont appris: écrire de courtes narrations, dialogues ou descriptions, mettre sur papier leurs observations personnelles, faire le résumé d'un texte facile ou d'un petit livre... Des habitudes de travail acquises, de meilleures connaissances lexicales, grammaticales, langagières.

Le français, langue seconde, serait en train de devenir la langue principale. Témoin, cette demande de Teresa:

– S'il te plaît, voudrais-tu relire ma lettre en espagnol? C'est pour mon amie, au Chili. Et puis: J'écris mieux en français, maintenant.

Ce n'est pas la première fois, en effet, que l'on me demande de relire et corriger un texte en espagnol; ce dont, vu le manque de pratique, je puis me tirer avec plus ou moins de succès.

Mais en français, il faut maintenant aller plus loin.

L'ambivalence ressentie au niveau des programmes, lesquels sont constamment sujet à des remaniements, est néanmoins la suivante: faut-il viser une éducation de masse ou développer la culture?*

Dans ma classe, étudier courants et œuvres littéraires, d'une part, cela serait un peu prématuré; d'autre part, cet apprentissage est impossible pour les élèves plus faibles.

Travailler en ateliers me permet malgré tout d'offrir des activités différentes, notamment l'après-midi, et d'aborder avec les plus avancés l'étude de textes plus difficiles.

Pourtant ces heures dont je dispose, et que n'ont pas les professeurs du régulier, constituent un avantage car je puis au moins, en situation de communication signifiante (ce qui n'exclut pas du tout la rigueur grammaticale) me consacrer à l'enseignement de la langue.

7 janvier 97

L'école secondaire québécoise, école de masse, s'est dotée d'intéressantes ressources tels les psychologues, infirmiers, orienteurs. Ressources vantées de son vivant par la psychanalyste Françoise Dolto. Car en effet, selon l'optique contemporaine, individuelle, il est important que chacun réalise sa propre harmonie. Plus précisément, on parlera de développement harmonieux de la personnalité.

Construire sa personnalité est une chose. Mais il y a aussi l'avenir qui se profile avec ses questions vitales, comme la recherche d'un emploi, le choix d'un métier.

– Bachir, quel sera ton métier plus tard?

– Moi? la réparation d'appareils électriques, ou bien l'informatique.

Les aptitudes de Bachir en ces domaines me semblent évidentes; si toutefois il veut bien s'y tenir, se calmer!

---

* La mission de l'école, quelle est-elle? Mission de vie ou mission de Culture (avec un grand C)? Les formations actuelles au niveau du français, au niveau des maths, des sciences, sont jugées insuffisantes, inadéquates. On se demande comment les étudiants seront capables de s'adapter aux exigences futures.

– Quand je suis devant un ordinateur, ça va, je me concentre, m'explique-t-il, debout à côté de son bureau, car décidément des fourmis l'empêchent de rester à sa place.

Quant aux autres étudiants, ils n'ont pas vraiment d'idée...

Au sujet des métiers, l'irréalisme des jeunes, parfois même à un âge très avancé est caractéristique: dans une classe d'élèves moyens-faibles (mais non retardés sur le plan des apprentis-sages), on trouvera une dizaine de futurs avocats, de médecins et de pilotes d'avion! Nombre d'hôtesses de l'air, de mannequins!...

Rien d'étonnant à cela. Tant de métiers ont disparu. D'autres portent des noms mystérieux: *préposés aux bénéficiaires*, *techniciens de surface!* Allez donc expliquer que les *bénéficiaires* sont les malades hospitalisés, et les *techniciens de surface*, des balayeurs!

Etre jeune, c'est se voir confronté non seulement à la difficulté de s'orienter, à la survie (déjà que choisir un métier a toujours été un peu contre nature!).

J'inviterai l'orienteur afin d'expliquer tout d'abord le système d'éducation québécois, ses paliers d'étude, les crédits accordés ainsi que les diplômes. Advenant la perte de ce service, je donnerai moi-même les explications...

Le rôle de l'orienteur consistera avant tout à guider les élèves plus avancés dans leur inscription, ce qui, étant donné la complexité du système ainsi que les nombreux changements annuels, est un besoin très réel.

Plus généralement, j'essaie d'intervenir au niveau de leurs représentations, de leur prise de conscience.

A l'instant, je pense à Dany, un ami qui enseigne en ISPJ*, (dans une école de banlieue toutefois). Enseigner en ISPJ, cela veut dire récolter les *rejetés* du système, les *pas bons*, et leur enseigner (encore) les trois matières principales, tout en essayant de les insérer au marché du travail.

Dany consacre beaucoup de temps aux rencontres avec des employeurs potentiels. Il va ensuite lui-même présenter ses jeunes. L'autre jour il est allé au domicile d'un élève sud-

---

* ISPJ: Insertion sociale professionnelle des jeunes.

américain, a emmené ce dernier au magasin de solde acheter une chemise blanche, un pantalon...

Dans notre département d'accueil, un groupe d'élèves accusant des retards est généralement confié à Roger pour l'apprentissage du français. Roger leur enseigne l'oral ainsi que l'écrit de la fin du primaire. Nombre d'élèves sortant de sa classe se retrouvent ensuite en classes d'adaptation et ISPJ.

Personnellement, à deux ou trois reprises, j'ai eu l'occasion de conseiller des élèves relativement à l'emploi, de présenter l'un d'eux à un employeur ou d'écrire une lettre de recommandation. Mais tel n'est pas mon rôle.

Pour aider à prendre conscience des exigences relatives aux différents métiers, j'interviens soit par le biais de l'écran, soit par des visites ou je fais appel à des personnes ressources; également, je propose des lectures. Analyses de textes, de documents sur les métiers (traditionnels ou non) ou ayant rapport avec des situations d'emploi.

Aux avancés, je proposerai des textes littéraires, tels *Des flots d'immigrants déferlaient...*, extrait des fameux *Raisins de la colère*, de Steinbeck; l'amusant *Un homme au foyer*, de Pierre Bonte, *Choukov et son mur*, d'Alexandre Soljenitsyne...

J'ai l'intention de présenter à tous des extraits de *Blanche*, excellente série télévisée, ce qui est l'occasion de connaître deux comédiennes québécoises remarquables (avant Noël, les étudiants ont déjà regardé plusieurs extraits de la série *Les filles de Caleb*).

En plus d'avoir pour thème la recherche d'un métier, la série *Blanche* aborde nombre d'autres sujets importants, tels l'amitié, l'amour, la mort, également nous montre le Québec d'autrefois, au temps de la précédente crise économique.

Ce soir, en plus de terminer les travaux inachevés en classe, ce qui va de soi, chacun devra lire un document présentant le métier de professeur.

Profession professeur, profession étudiant, tel sera le thème de la discussion demain matin. Car aux nouvelles, que les élèves savent maintenant écouter, il est question de restreindre le nombre de professeurs, de réduire leurs salaires.

Avec mes jeunes, j'aimerais aussi aborder le problème de l'argent. Mais les situations familiales étant souvent précaires, je ne me vois pas, moi, salariée, en train de faire la morale à mes jeunes; je me propose plutôt de les aider dans les éventuelles campagnes de financement des activités.

De La Bruyère, moraliste français du XVIIème siècle, célèbre pour ses écrits satiriques, sa critique sociale et politique, relire au moins ce propos intitulé *L'argent:*

> *Il y a des âmes sales, pétries de boue et d'ordure, éprises du gain et de l'intérêt, comme les belles âmes le sont de la gloire et de la vertu; capables d'une seule volupté, qui est celle d'acquérir ou de ne point perdre; curieuses et avides du denier dix; uniquement occupées de leurs débiteurs, toujours inquiètes sur le rabais ou le décri des monnaies; enfoncées et comme abîmées dans les contrats, les titres et les parchemins. De telles gens ne sont ni parents ni amis, ni citoyens, ni chrétiens, ni peut-être des hommes: ils ont de l'argent.*

En relation avec le travail, je viens également de retrouver cet extrait des *Contemplations* de Victor Hugo, dénonçant la condition de certains enfants au XIXème siècle.

Multiples sont d'ailleurs les activités à faire en classe autour de ce poème (rechercher les pays, les exemples où aujourd'hui les enfants travaillent jeunes, trouver les lois qui ont contribué à améliorer le sort des ouvriers, faire une enquête sur le travail d'un ouvrier d'autrefois...)

MÉLANCHOLIA

> *Où vont tous ces enfants dont pas un seul ne rit?*
> *Ces doux êtres pensifs, que la fièvre maigrit?*
> *Ces filles de huit ans qu'on voit cheminer seules?*
> *Ils s'en vont travailler quinze heures sous des meules;*
> *Ils vont, de l'aube au soir, faire éternellement*
> *Dans la même prison le même mouvement.*
> *Accroupis sous les dents d'une machine sombre,*
> *Monstre hideux qui mâche on ne sait quoi dans l'ombre,*
> *Innocents dans un bagne, anges dans un enfer,*
> *Ils travaillent. Tout est d'airain, tout est de fer.*

Jamais on ne s'arrête et jamais on ne joue.
Aussi quelle pâleur! La cendre est sur leur joue.
Il fait à peine jour, ils sont déjà bien las.
Ils ne comprennent rien à leur destin, hélas!
Ils semblent dire à Dieu: «Petits comme nous sommes,
Notre père, voyez ce que nous font les hommes!»

8 janvier 97

La question, cruciale, finit infailliblement par m'être posée: «Est-ce que c'est facile de trouver du travail ici?» Ce qui revient à dire: vais-je pouvoir vivre dignement dans mon nouveau pays?

Ma réponse est habituellement la suivante:

– Pour quelqu'un qui ne craint pas de remonter ses manches, il y a encore du travail ici au Canada... Plus on est instruit, plus les chances augmentent.

A bien y penser pourtant, cet optimisme est-il encore justifié?

En fait de métiers, on trouve plutôt des emplois de service. Plus qu'en France, il est possible au Québec de créer sa petite entreprise. Encore faut-il trouver le créneau.

L'ère virtuelle ne serait-elle que mensonge, incapacité à faire vivre les gens? Telles sont parfois mes angoissantes questions, qui elles non plus, ne trouvent pas de réponses.

Professer, à l'avenir, sera-t-il mentir?

Ce malaise ressenti, devant une classe, je ferai en sorte de le transformer en espoir (!)

9 janvier 97

Comme chacun sait, l'identification, la recherche de modèles, de héros est, pour l'adolescent, très importante.

Je ne parle pas de ces héros de films américains n'ayant que peu ou pas du tout de rapport avec les défis et obstacles rencontrés dans la réalité. A ce sujet, il serait intéressant de compter le nombre de films proposant des scénarios de *pères* virtuels, exploitant ainsi, sans proposer réflexion ni solutions, ce cancer de la société américaine: l'abandon de leur responsabilité par les pères.

Des héros pourtant, combien y en a-t-il dans la littérature! Des héros qui à jamais demeureront, dans l'imaginaire des jeunes, des guides lointains peut-être, romantiques, mais exaltant au moins la bravoure, la fierté, la fidélité, la justice (ou au contraire des antihéros remplis de bonhomie, d'humour, de tendresse...)

Je pense aux *Trois Mousquetaires*, livre choisi chaque année dans le petit coin bibliothèque, indispensable, et spécialement aménagé dans ma classe...

Je pense à ces valeureux guerriers d'un ancien roman américain, cher à mes douze ans, dont l'action, étroitement liée à l'histoire du Québec et de l'Amérique du Nord, se déroule non loin de Montréal: *Le dernier des Mohicans*. Porté à l'écran, d'une grande beauté, celui-là, et qui plaît énormément à des jeunes arrivés depuis peu au pays. C'est de plus un excellent moyen d'aborder, une première fois, le récit d'aventures...

Pour le moment, toutefois, il n'y a guère que Teresa, Caterina, Elisabeth, Andrea, Anna-Maria, et maintenant Suzanna, capables de lectures aussi avancées. J'encourage les autres, continue de proposer plusieurs fois par semaine des activités visant à développer leur habilité à la lecture.

J'arpente la bibliothèque. Durant ce temps, chaque élève est plongé dans la lecture d'une petite biographie. Chacun doit ensuite me remettre un court travail écrit, présenter le personnage, prouver que, de sa lecture, a su dégager l'essentiel.

Tout à coup, un cri me fait sursauter. C'est Ali, jusque-là plongé dans la lecture d'un texte relatant la vie d'Armand Bombardier; il me fait signe de la main.

– Venez voir!

– J'ai compris, dit-il, en parlant d'Armand Bombardier, pourquoi il a mis tous ses efforts pour inventer la motoneige: son enfant n'avait pu arriver à temps à l'hôpital, et il est mort!

J'ignorais ce détail – et je suppose que le biographe était bien renseigné – mais la réaction d'Ali me rappelle à quel point il est capital pour un adolescent de découvrir, de réemprunter le chemin des réalisations d'autrui.

A la ville, les jeunes ne peuvent pas, comme à la campagne, se livrer à des expériences pratiques, manuelles; on sait pourtant que l'intelligence est également étroitement reliée à l'expérimentation.

Les sujets d'écriture auxquels je pense en ce moment seraient en relation avec les thèmes ou préoccupations suivants: relations hommes/femmes (traiter de ce sujet sous forme de débat préparé en équipes ne me paraît guère possible cette année), la liberté, la vérité (et/ou le mensonge), le silence...

Un des premiers travaux écrits permettant la réflexion, mais étroitement relié à la formation de la personnalité, portera sur la responsabilité; lectures et expérience personnelle composant le menu de base du travail demandé.

Expérience et culture sont à mon avis plus que jamais étroitement associées. Ceci, dans le but de demeurer concret, car on ne peut pas vivre théoriquement; vivre théoriquement, c'est mourir, se suicider!

Au Québec autrefois, l'élite formée dans les grands collèges classiques était souvent coupée de la population. Depuis quarante années, il y a eu malgré tout une hausse de la scolarisation, une plus grande accessibilité aux études.

On peut espérer que l'école publique soit un jour ce lieu de rencontre, de dialogue: l'expérience naissante questionnant la culture, et la culture ouvrant les portes d'un mieux vivre.

*

> *«... Je t'ai trouvé très moderne, comme nous, livré à l'introspection et regardant l'expérience personnelle comme l'accès privilégié à la vérité.»*
>
> *Lettre à saint Augustin,* Grégory Baum, *Relations,* Sept 96.

«La responsabilité est importante parce qu'elle donne aux personnes la chance de trouver leur capacité de vivre et de lutter tout seul», telle était l'introduction du texte d'Ali, qui a essayé de raconter ses déboires lors de l'emploi à l'essai, qui n'a pas *marché,* cependant.

Je lui ai demandé de retravailler son texte, afin de réfléchir aux causes véritables de son échec.

Bien que très court, le texte d'Elisabeth illustre assez bien la difficulté des jeunes, reliée aux changements auxquels ils ont à faire face, ainsi que leurs difficultés d'adaptation.

> *Avant quand j'habitais en Haïti, ma seule responsabilité était l'école. Tous mes autres problèmes étaient résolus par ma mère. Je croyais mener ma vie, mais je n'avais aucune idée de ce que représente une vraie responsabilité.*
>
> *Tout a changé lorsque je suis arrivée au Canada. Je devais souvent rester seule à la maison, car ma mère était absente et je devais prendre les choses en main.*
>
> *Ce n'est pas du tout facile d'assumer ses obligations matérielles et morales, de réparer une faute ou d'accomplir un devoir. Ce n'est pas facile d'assumer les conséquences de ses actes.*
>
> *Privée des conseils de ma mère, projetée du jour au lendemain dans ma vie d'adulte, j'ai vécu, je vis parfois des expériences terribles. Mais chaque fois, je réfléchis, j'apprends.*
>
> *Maintenant, je peux dire que la responsabilité s'acquiert grâce à l'expérience, au vécu.*

Je constate que les garçons ont surtout raconté leur première expérience professionnelle ; ce qui correspond à l'urgence de leur situation. L'implication en divers projets réalisés en dehors de l'école ou non a donné lieu également à des réflexions. Telle est l'importance de ces projets accomplis en la présence des pairs, avec le support d'un adulte.

La lecture de cet extrait de la lettre à un jeune artiste de l'auteur Hermann Hesse montre à quel point il est pertinent d'amener les jeunes à approfondir ce sujet; car il est important de lier responsabilité et effort de vie, volonté de se réaliser:

> «*Partout et toujours, le seul devoir moral pour l'individu est d'obéir aux forces intérieures qui l'habitent*»... «*L'effort personnel pour assimiler ce qui peut être appris est un devoir aussi élémentaire dans le domaine de l'art que dans celui de la vie courante.*»

Hesse fait référence au cas de la famille Brentano, aux enfants nombreux, esprits supérieurs, emplis d'originalité. L'aîné était par contre un peu idiot. C'est pourtant à lui qu'il fut donné de rayonner plus que les autres par ses qualités de paix et de bonté.

La responsabilité individuelle dépasse le niveau de l'emploi, le niveau de la simple conformité sociale ou de la citoyenneté.

Il s'agit de la *mission*, du *sens* dont les individus seraient chargés. Ce qui nous amène à poser le problème de la morale et du libre arbitre. Si tant est qu'on puisse de nos jours, avec les jeunes, aborder de tels sujets.

A mon avis, il le faut.

10 janvier 97

Yin vient m'annoncer officiellement son départ.

– Je vais m'ennuyer, dit-elle, mais je reviendrai vous voir.

– A nous aussi, tu vas manquer, Yin!

Yin, une de ces enfants élevées dans les pays communistes. Enfant chaleureuse, amicale. Habituée à la solidarité, à l'interdépendance. Eduquée au moins au partage. Même si le système a engendré ses délinquants, je tiens à relever ce point positif des enfants élevés dans un système collectiviste...

De la même façon, ici, on éduque à l'autonomie, trop souvent à la compétition.

Que nous dit-on d'enseigner? A quoi formons-nous les jeunes? Solidarité ou chacun-pour-soi? Partage ou compétition? Ces questions, peut-on vraiment se les poser?

Départ de Yin, donc, aujourd'hui. Au Cégep anglophone, on lui offre une demi-année préparatoire. En restant chez nous, elle ne pourrait prétendre en septembre l'an prochain qu'à une intégration au secondaire V.

Etablir les équivalences de diplômes prend tellement de temps que la plupart des gens y renoncent. Il faut s'attendre, en plus, à être dévalué (ce qui fut déjà mon cas, mais qui est bien pis à présent).

Le flot d'immigrés n'est pas près de s'arrêter. Cela suppose des changements rapides, s'ajoutant aux nombreux défis que la société doit relever.

Notre attitude perplexe et inquiète, face à l'arrivée des immigrants, le journaliste Foglia l'exprime ainsi: «Montréal», écrit-il, en parlant du quartier Côtes-des-Neiges, «c'est tous les pays sauf un».

J'aurais envie d'ajouter: Montréal, comme nombre de grandes villes, c'est de plus en plus le quart monde.

Bientôt ce sera au tour de Suzanna et d'Anna-Maria d'être intégrées au régulier.

Quatre nouveaux élèves en provenance d'une autre classe d'accueil, viennent de «monter» dans mon groupe, qui est cette année le plus avancé au niveau des connaissances des élèves en français. Il s'agit d'Olivier, un Péruvien, Gina, une Chilienne, Amina, une Algérienne, Po Hi, une Coréenne.

Trois de perdues, dit le proverbe..., quatre de retrouvés...

13 janvier 97

Cet après-midi, il m'a été difficile de commencer le cours.

– On a gagné! Trois buts à zéro contre les Espagnols!

– Demain, la revanche... Ça sera Mustafa le gardien de but!

– Je peux aller boire de l'eau?

Car le foot-soccer est le terrain sur lequel, le midi, s'affrontent nos garçons en la présence de leurs professeurs-animateurs sportifs. Ce, avec les encouragements des spectateurs-trices, dont moi-même à l'occasion.

Il y a quelques années, dans un parc derrière la tour Eiffel, j'avais eu la chance d'assister au match de *foot* le plus interculturel qui soit. En l'absence d'adultes, les règles étaient tout à fait respectées; la rotation parmi les joueurs s'exerçait de façon continue. De sorte qu'aucun des jeunes, âgés au plus de quatorze ou quinze ans, ne restait longtemps sans jouer.

...

Quant à mes élèves, inutile de dire que mes conseils de ralentir l'activité, c'est-à-dire le sport, le midi, durant le Ramadân, ne sont pas très écoutés. Le soccer représente pour eux défi, émulation, dépassement. Pour rien au monde, les garçons ne s'en passeraient.

En cette période de Ramadân, des questions concernant la religion me sont parfois posées.

A propos de la religion chrétienne, j'essaie d'expliquer: à la pratique religieuse, nous ne sommes plus très enclins. Mais la gratuité des soins médicaux, l'éducation pour tous, les allocations familiales, les impôts payés pour les écoles, n'est-ce pas cela la religion de l'Occident?

De plus, n'y va-t-il pas de la religion comme de la discipline? Idéalement, toute religion devrait un jour devenir inutile...

Mon explication n'a pas l'heur de les satisfaire...

Il est vrai qu'à Montréal, *ville ouverte*, douce indifférence, tendre misère au bouillon de *slush*; Montréal aux rayons incroyablement garnis des magasins; aux églises abandonnées.

Montréal, pourtant à peine remise de l'emprise historique du clergé. Montréal où trop de jeunes filles, trop de jeunes hommes vendent leurs corps...

Le rire de Lounis, à Pâques, il y a deux ans, s'adressant à un copain musulman: «Ils mangent du poisson le vendredi, c'est ça leur jeûne! Nous, on reste quarante jours sans rien manger!»

«Tout de même, Lounis, vous mangez la nuit!»

De nouveau, Lounis parle de sa plage d'Hannaba, des amis avec qui il *foxait* les cours pour s'amuser dans les vagues. Je sens en lui une grande nostalgie. J'imagine les plages ensoleillées d'Albert Camus (je lui parlerai bientôt d'Albert Camus).

A Lounis, j'explique que c'est une chance inouïe que celle d'étudier. Plus tard, s'il le désire, il pourra choisir de retourner au pays qui aura besoin de gens comme lui.

Il acquiesce, il est d'accord.

L'idéal, religion indispensable pour nos jeunes et nous-mêmes.

Lounis dit qu'il sera médecin plus tard et qu'il soignera les gens de son pays. Et c'est peut-être la seule chose qui puisse le consoler, qui puisse remplacer la perte de sa plage blanche. Sa plage irradiée pour toujours du soleil de l'enfance.

L'idéal... J'y pense. Mais aussi, il y a la possibilité de *connaître*. De se référer aux grands mythes de l'humanité.

En lecture, proposer cette traduction d'un extrait du *Coran*, une réflexion à propos du Bien et du Mal. Ou encore, cet extrait de la *Légende des siècles*, Adam découvrant Eve, comme centre de l'univers; ce poème de la *Genèse*, de Victor Hugo...

14 janvier 97

Avec les nouveaux, je m'applique au rattrapage.

Quel bonheur! Il se trouve qu'Olivier, le nouveau venu, est très doué pour le français. C'est un amoureux de la littérature (son père, intellectuel sud-américain, est lui-même un homme épris de littérature française. Ce qui est précieux car, à mon avis, de ces hommes-là, il ne doit pas rester tant que cela).

Vexé des performances du *nouveau*, et pris d'un regain de courage, Reynaldo obtient de meilleures notes. Par ailleurs, il exhibe une médaille gagnée lors d'une compétition de natation.

Non sans fierté, Reynaldo explique aux autres qu'il passera d'ici peu des épreuves pour l'obtention du diplôme de moniteur de baignade. Sa déclaration est accueillie par de vifs applaudissements.

15 janvier 97

En cette fin de matinée, me voici à l'aéroport afin d'accueillir Jérôme, qui doit participer à un colloque. Répondant à la demande d'un ami français, j'ai accepté d'héberger Jérôme durant quelques jours.

Sur l'autoroute en direction de Montréal:

– Qu'est-ce qui t'a amenée à t'installer au Canada?

Occupée par la conduite, je lance cette réponse, ironique et totalement loufoque:

– Le téléphone, Jérôme, le téléphone! je reste de longues heures assise à contempler le mien!

La question de Jérôme, j'y pense ce soir. Et, fébrilement, je me mets à fouiller. Parmi mes papiers, je retrouve mon premier projet d'histoire; il débutait ainsi: «Pourquoi raconter à leur place? Ce qu'ils vivent, ce qu'ils ont vécu, il faut le vivre aussi. L'avoir vécu soi-même.»

M'exprimer en leur nom est donc commencer par dire: «Je me souviens...»

Du premier jour, en effet, je me souviens. Je me souviens de notre arrivée à l'aéroport. La mine grave, austère, de l'officier d'immigration.

– Vous avez des passeports? Un certificat d'immigration?... Une adresse... Des parents pour vous héberger? Et puis: Bienvenue au Canada...

Nos papiers, en règle. Le soulagement de se savoir arrivés, enfin, dans cet aéroport, gigantesque, propre, presque neuf. Un pays très grand, étendu. A en juger par l'autoroute, ces kilomètres de verdure défilant en direction de Montréal. Un tel calme après le stress du voyage, lequel avait succédé au stress du départ! Les amis, les parents que l'on quitte; l'avion, c'était la première fois.

Ainsi qu'un film, un scénario nouveau, le paysage se déroule. Immense, oui, ce nouveau pays! Comme ils le décrivaient dans leurs lettres. Pays aux espaces grands.

Grands comme des bras ouverts...

16 janvier 97

A notre époque, éduquer est viser l'épanouissement de l'individu tout en l'amenant à développer des relations harmonieuses avec ses semblables.

Du point de vue des primitifs par contre, il était primordial que l'adolescent apprenne à affronter la vie; ce qui nous ramène aux épreuves et initiations telles que vécues autrefois sur ce continent par les Amérindiens.

Les Indiens n'écrivaient pas, n'allaient pas à l'école, du moins pas à celle où l'on enferme enfants et adolescents. Les Indiens chassaient, parfois faisaient la guerre; les Indiens subsistaient.

Notre époque n'est pas tout à fait celle des épreuves d'endurance physique subies sans broncher par de valeureux guerriers, qui croyaient se faire voler leur âme par l'ennemi, lorsque sous la torture ils laissaient échapper un cri.

Le discours expressif, l'écriture expressive sont à la base de l'écriture. A notre époque dite des *communications*, ils le sont de plus en plus.

En ce début d'étape, j'avais demandé aux élèves de dresser un bref portrait d'eux-mêmes. Les textes, ramassés puis redistribués afin d'être lus à voix haute, ne portaient pas de nom d'auteur. Le jeu consistait à reconnaître celui dont on venait de lire le portrait.

Et dans ce groupe, composé surtout de garçons, l'expérience avait été vécue de façon très positive. Avant la fin de chaque lecture, les réactions fusaient:

– Je sais qui c'est!

– Moi aussi!

– Ne dites rien, s'il vous plaît! Gardez la main levée; que d'autres aient la chance de trouver!

...

Ces réactions de camarades équivalent à dire ceci: «Ce portrait de toi est vrai, bien écrit, super.»

Le fait de se savoir *reconnu*, cela compte énormément. Peu importent le thème, le sujet, la manière, peu importent les moyens utilisés par le professeur...

Ecrire, c'est d'abord se trouver. C'est à la fois naître à soi et apparaître aux autres en toute dignité (il n'y a là ni impudeur ni gratuité; du reste, le professeur ne saurait se comporter en analyste). Exprimer des sentiments n'est pas, malgré tout, une preuve de faiblesse ou d'impudeur. En plus d'être un plaisir, un acte qui valorise, et de faire appel à la réflexion, à l'imagination, cela peut avoir rapport avec la beauté.

N'y a-t-il point également dans la pensée traduite des émotions, des sentiments, des rêves ressurgis; un moyen de s'ouvrir à la vie et à la connaissance?*

En lien direct avec les émotions est également l'imagination, *virile* et *féminine*, qui implique également la mémoire, est de plus reliée à l'action, pas seulement à de simples impressions.

Ces activités s'appliquent donc aux filles, aux garçons (je dis cela sans trop de parti pris, car des préjugés existent autant chez les hommes que chez certaines féministes).**

---

* Cf.: *L'enfance et la pédagogie*, Gaston Bachelard, Scarabée, CEMEA, 1983.

** Chez certaines «gauchistes» que la pauvreté des femmes à Montréal ne semble pas trop déranger.

«L'imagination invente plus que des choses et des drames, elle invente de l'esprit nouveau», dit Gaston Bachelard.

Pour Bachelard, toute éducation est conquête de l'autonomie. De plus, chaque individu tendrait à vouloir réaliser cet équilibre entre raison et imagination.

Pour ma part, je dirais que l'imagination est ce qui galope...

La *révolte* de l'imaginaire, associée à celle du cœur, pourrait-elle permettre de lutter contre l'absurde, et autres abus de la raison?

Femmes et hommes, faisons-nous preuve tant que cela d'imagination?

Ces jours-ci, de premiers textes visant plus particulièrement à exprimer sentiments, émotions à partir d'une expérience personnelle retranscrite, commencent à être lus en classe.

Texte de Reynaldo s'interrogeant au sujet de sa vie passée, cherchant les liens entre les habitudes de vie, les attitudes et croyances, dénonçant du même coup la violence, montrant la criminalité au Vénézuela.

Texte court de Bachir, mais bien maîtrisé du point de vue de la structure. En voici le dernier paragraphe: «Avant, Omar était le meilleur homme. Il n'y en avait pas d'aussi intéressant. C'était mon copain, mon ami. A présent, cet homme n'est plus le même. Cet homme-là, pourtant est mon père.»

Ceci est pour Bachir l'occasion de réfléchir aux changements relationnels intervenus entre son père et lui, depuis leur arrivée à Montréal. L'occasion d'exprimer son désarroi, sa déception, aussi son affection (le moyen de vivre ses émotions, avant de se retrouver).

Texte d'Andrea dont le sujet est un après-midi de flânerie au centre de Bucarest avec un garçon. Histoire simple vécue peu de temps avant le départ d'Andrea de Roumanie. L'évocation des lieux, la narration elle-même, traduisent l'émerveillement, la candeur de la jeune fille découvrant l'amour, le désir; ce goût de liberté. Aussi l'étourderie des deux jeunes ayant perdu l'argent qui devait servir à payer l'entrée. Le cinéma, ce n'est pas tous les jours qu'on a la permission d'y aller! (Un ami, heureusement, les avait dépannés).

Agréable souvenir de jeune fille. Tendre souvenir, teinté de regrets. Auprès d'Andrea, point n'est besoin d'insister pour montrer de quelle manière, mariant narration, description, il est possible de faire naître les images, de traduire des sentiments.

Pour ce travail, Florence est préalablement venue me demander aide et conseils. Le choix de son sujet étant le sourire, je lui ai suggéré la lecture d'un extrait de Danny Laferrière où il est question de cette bonne humeur, de la joie, de l'exubérance haïtiennes.

– Oui, Florence, parler du sourire et de la bonne humeur est un excellent sujet!

Amina, nouvellement arrivée, et Elizabeth ont eu, quant à elles, l'idée d'une sorte de dialogue quelque peu osé. L'une d'elles assumant en plus, le temps de deux ou trois courtes répliques, le rôle d'un troisième personnage.

Tenir compte de l'ordre, de la durée; trouver le vocabulaire approprié, vivant, imagé; étonner, faire appel à la fantaisie, au burlesque; mettre en évidence les préoccupations des personnages et faire ressortir leur caractère. Pour finalement atteindre ce qui, dans l'écriture, s'impose aux autres comme vérité.

Il est question de deux filles délurées; l'une prodiguant à l'autre ses conseils pour séduire un garçon, lequel n'est en fin de compte pas des plus futés.

Assez bien construit, rempli de malice, le dialogue sera le dernier à être joué devant la classe.

Le public est attentif.

Soudain, je vois Ali faire un léger signe de tête en direction de Bachir, l'invitant à réagir. Ce dernier s'exécute.

Et les voilà tous deux bras croisés, visages fermés, dans une expression de sévérité. Réaction à mi-chemin entre fanfaronnade de garçons à filles et tentative de mainmise idéologique.

Le sujet abordé par Amina et Elisabeth serait-il outrageux, déplacé? Et la censure en place?

D'un clin d'œil, j'encourage les filles à continuer.

A la fin, contrairement au reste de la classe, deux *moineaux* à la mine renfrognée n'applaudissent pas! Deux *moineaux* ou plutôt l'un d'eux, qui a tenu non pas à exprimer mais *à agir,* en affichant ses sentiments!

17 janvier 97

Aujourd'hui, la nouvelle de la mort de Jacques, soixante et un ans, emporté brutalement par la grippe, a semé la consternation parmi nous.

Bouleversés, les jeunes profs le sont plus particulièrement. Jacques, ce n'était pas un héros, non, mais avec lui on pouvait jaser, fréquemment, demander son avis... Jacques toujours était présent...

Contre l'infection logée dans tes alvéoles, comment aurais-tu pu lutter, vieux Jacques? A te voir monter l'escalier marche après marche, il était facile de conclure à quel point tes capacités pulmonaires et cardiaques étaient affaiblies. En plus de cela, comme si tu avais voulu provoquer le rendez-vous fatal, ces derniers temps, tu t'étais remis à fumer!

Ce soir, pour clore cette semaine glaciale, semaine atroce de janvier – car il fait un froid à descendre au tombeau –, je ferai une visite au salon funéraire.

Demain matin, samedi, accompagner au ski Jérôme et deux autres amis me permettra de penser à des choses plus joyeuses.

20 janvier 97

Une cérémonie a eu lieu dans le grand gymnase de l'école. Manon, prof de religion, ayant tenu à *faire vivre* aux élèves le *deuil* de leur vieux prof.

Occupés à courir, à aller nulle part, on passe à côté de tout: la vie, la mort, la naissance. Et nous voilà en train de parler de la vie et de la mort comme simples *expériences!*

Silence parmi les élèves. Recueillement sans tristesse exagérée. Nombre d'entre eux n'ont sans doute jamais rien vécu de semblable. Tout au plus sont-ils allés un jour au salon funéraire.

(La découverte de cette mort maquillée, rentabilisée, m'avait autrefois dégoûtée, choquée!)

Plusieurs discours ont été prononcés: il sera question du patriarche, de sa bonhomie, de son sens de la justice. Poignant sera ensuite le défilé des élèves devant les trois orphelins, étudiants, «qui étaient tout pour lui et qu'il voulait instruire avant tout», tel qu'exprimé par Cristina, lors du dernier discours.

La mort est une réalité qu'il faut connaître, apprivoiser.

Les jeunes profs fondaient en larmes. J'étais moi-même très émue. Les vieux Québécois sont souvent ceux avec qui j'ai eu les échanges les plus intenses. De par son âge, Jacques malgré tout faisait un peu figure de père...

A propos du père, justement, j'ai fait dernièrement étudier à mes élèves une nouvelle de Roch Carrier. Il y était question du métier de sourcier. J'avais demandé aux élèves de discuter entre eux, puis de commenter cet extrait: «De nos jours, les pères ne peuvent plus rien transmettre aux générations descendantes».

Ce soir, je pense au vieux sourcier qui, sans prévenir, nous a faussé compagnie. Au vieux sourcier qui n'aura plus besoin de sa pompe... à respirer.

– Paix à ton âme, vieux sourcier!

21 janvier 97

«Instruire, c'est former le jugement.»

Michel de Montaigne

Après les comptes rendus, les résumés, les textes explicatifs, peu à peu, avec les plus avancés, aborder les textes d'opinion, les textes argumentatifs...

«Mais avec quelle légèreté demandons-nous aux jeunes d'exprimer leurs opinions!» Je ne fais ici que citer la jeune Chantal Jutras, dans son juste cri d'impatience: *Le Québec me tue.*

«Il s'agit d'écrire cinq cents mots en trois heures, de faire de ces mots un texte argumentatif. Une fois de plus, on demande aux étudiants: "Hé, toi, le jeune, dis-moi ce que tu en penses! De l'énergie nucléaire, des salaires au hockey, des télé-romans, de n'importe quoi!" On ne leur a pas appris à être critique dans le but de se former une opinion, et pourtant on demande d'avoir des opinions, n'importe lesquelles, peu importe comment ils en viennent à les avoir».

D'une part, lorsque la personnalité n'est pas formée, il est difficile de juger. Cela ne s'apprend que peu à peu. (Les adultes eux-mêmes savent-ils tant que cela juger?)

Avant tout ce qu'il faut à l'école, c'est apprendre à réfléchir, à juger. C'est apprendre à apprendre. C'est lire, s'informer et savoir expliquer; c'est se cultiver.

Cela m'amène à retourner aux auteurs du XVIème siècle, car nous n'aurions pas encore atteint notre Renaissance. J'imagine Montaigne, entouré de ses nombreux livres, qui sont également ses amis. Je l'imagine, homme de cœur, de rêverie, ne perdant pas le fil de *Sa pensée*; artiste talentueux, homme d'idéal, ayant horreur de l'éloquence et de l'affectation. Car Montaigne, être de douceur, homme de conscience, était aussi un homme de rigueur. Homme d'action, il fut élu magistrat de la ville de Bordeaux.

Au XVIIème siècle, il y eut Descartes, souvent décrié ces dernières années. Descartes luttant néanmoins contre les idées fausses et défendant l'idée d'un Dieu, être parfait comme idéal à respecter (comme l'harmonie terrestre à respecter)!

Aujourd'hui, chacun se prend pour Dieu, pour le nombril du monde; et on se laisse souvent conduire au nom de modes, d'idées enfermées, classées, étiquetées; il suffit de voir le vocable changer à chaque nouvelle mode.

Si ce qu'on appelle cartésianisme est actuellement dénoncé, c'est peut-être parce qu'en France, en Europe ou ailleurs, cela a donné lieu à des excès. C'est peut-être qu'il est devenu le fait d'une élite détachée de ses origines, de sa nature humaine; prétendant par ailleurs *avoir raison* sur tout, question de monopole intellectuel, ou monopole bourgeois (la raison de la conformité plutôt que celle de la fantaisie, de la joie, de la spiritualité).

En Amérique du Nord, la raison a connu une autre distorsion: elle est au service des intérêts financiers, de l'intérêt personnel. Ou encore détachée de liens, de pertinence; par moments, elle atteint l'absurde.

A la radio, dans les journaux, on communique parfois le résultat d'études dénuées de bon sens, bien que menées avec précision, et on se demande comment des budgets ont pu servir à cela.

Qui dit formation du jugement, dit également développement de l'esprit critique.

Au sujet de la critique, un texte de Philippe Haeck a retenu mon attention. Le titre en est le suivant: *L'exercice du cœur au cœur de la pensée.** J'en citerai ce passage:

> *«[...] La grande idée pas neuve du tout qu'il ne faut pas lâcher: qu'est-ce qui dans la parole de l'autre m'aide à faire un pas dans la direction de ma vie et non d'une vie dictée par un milieu (une famille, une école, une presse critique, un enseignement universitaire qui se méfie de la création, préfère former des érudits sans passion plutôt que des créateurs engagés). Comment vivre doucement ma vie dans un monde de plus en plus inhumain [...]»*

Pour briser l'endormissement, l'oubli, le mensonge, il me semble que la critique et la satire, politiques et sociales, seraient toujours appropriées.

Mais je n'enseigne pas au Cégep. En classe d'accueil, il est évident que je n'aurai pas le temps d'aller jusque-là.

---

* La critique (Revue *Mœbius*, Ed. Triptyque, printemps 1997).

> *A un journaliste qui enquêtait sur les besoins*
> *des Indiens navajos, l'un d'eux expliqua:*
> *«Je suis un pauvre homme, je ne connais aucun chant.»*
>
> Florence Delay et Jacques Roubaud,
> *Partition rouge,* Introduction.

L'an dernier, une éditorialiste de *La Presse* avait critiqué vigoureusement le projet d'une enseignante d'une banlieue de Marseille, venue aux Etats-Unis visiter une tribu indienne avec ses élèves d'origine algérienne notamment.

Le but du projet était d'aider ces jeunes à réaliser un rêve, à voyager au loin et sortir de leur infâme cité. Du reste, les atomes crochus entre Maghrébins et Amérindiens sont peut-être plus évidents qu'on ne l'imagine au premier abord.

Dans le même ordre d'idée, lorsque des représentants de l'Université de Montréal ont eu l'idée d'interpeller les cousins de la revue de l'Institut Pasteur au sujet de ses publications en anglais, j'ai trouvé cela très à propos. Grâce à ce geste, l'Institut Pasteur a recommencé à publier en français, et j'ose espérer que c'est toujours le cas.

Mêlons-nous des affaires des autres, il est temps! Ce n'est pas seulement pour acheter des produits à consommer qu'on est citoyen du monde. Lorsqu'il y a moyen d'aider le monde à aller mieux, pourquoi s'abstenir?

Jérôme, mon hôte, a participé à un colloque réunissant des théoriciens de la formation et autoformation. Les participants étaient Québécois, Américains, Français.

Le deuxième soir, nous discutons du déroulement de la journée; plus ou moins réussie apparemment. Chez les Américains, la formation est entièrement soumise aux besoins des entrepreneurs; on n'imagine même pas qu'il puisse exister autre chose. Les théoriciens de la formation ne sont que l'écho du système. En revanche, ce dont les Français s'apprêtaient à débattre concerne essentiellement la formation personnelle, la progression dans l'histoire d'une personne.

En outre, la plupart des Français ne parlaient pas anglais. Les Américains paraissaient surpris de devoir parler ou comprendre le français!

Les organisateurs québécois, quant à eux, auraient par ailleurs plus ou moins bien prévu ces problèmes de communication.

Telle que dépeinte par Jérôme, la situation m'a paru quelque peu cocasse...

Même si ce dernier disposait de peu de temps après les journées de conférences – et moi-même après mes journées d'enseignement –, nous avons ardemment discuté d'autoformation, des Amérindiens, du Québec, également de littérature.

Comme porte d'entrée au sommeil à mon hôte jeune, pas vilain mais marié (hélas!), alors qu'il hésitait, aurait-on dit, à aller se coucher, j'ai proposé une délicieuse nouvelle: un extrait de la grande Gabrielle.

Au petit déjeuner, enchanté, Jérôme s'est exclamé: «Qui a écrit ça? J'aimerais beaucoup connaître cet auteur.»

Je lui ai montré quelques ouvrages de Gabrielle Roy.

Avant d'aller à l'aéroport, nous nous sommes arrêtés à la librairie. Jérôme a acheté cinq livres de Gabrielle Roy. «Tu vois», m'a-t-il dit, «ça m'attire beaucoup plus que les romans de Nancy Huston!»

Ce à quoi il m'était difficile de répondre, car de Nancy Huston, je n'ai lu que les textes choisis: *Désirs et réalités*.

Je trouve intéressant de réfléchir à la notion d'espace, de liberté, très manifestes dans l'œuvre de Gabrielle Roy. Sentiment très présent dans *Ces enfants de ma vie*.

Qu'en est-il de la notion de bonheur associé à la liberté, à l'espace, alors que l'on s'apprête de nouveau à ignorer-violer les droits ancestraux des Amérindiens?

(Que dirais-tu? Quel serait ton sentiment, si demain on t'apprenait que le petit coin de campagne où tu retournes encore de temps en temps retrouver ta mère, ton père, ta grand-mère, si tu apprenais que les plaines, buissons, forêts chers à ton cœur d'enfant seront bientôt inondés pour fabriquer de l'électricité vendue à bas prix à je-ne-sais-trop-qui-là-bas, qui ne te ressemble pas, et dont tu n'approuves pas la manière, le mode de vie?)

(Combien profond serait ton dégoût de vivre, ton désespoir!)

La condition de notre futur, de notre propre survie, n'est-elle pas d'ores et déjà la survie du primitif, de l'Indien? (Je dis cela tant pour l'Amérique du Nord que pour l'Europe et autres continents.)

Jérôme a déjà séjourné chez les Navajos. Pour me remercier de mon hospitalité, il m'a offert ce livre *Partition rouge*, un des nombreux ouvrages publiés en France sur les Amérindiens.

Peu de temps après, j'ai acheté un autre livre de chants et poèmes amérindiens, excellent lui aussi: *Hymnes à la grande terre*, une traduction de Pierre Desruisseaux.

De ces deux livres, j'ai choisi des extraits à l'intention de mes élèves et leur ai, entre autres, proposé le poème suivant:

PETIT LYNX

Un petit lynx perdit sa famille
Il s'en alla tout seul
et commença à apprendre les choses
Il se mit en route.

Un printemps il vit
arriver les oiseaux
qui venaient du sud.
Il en goûta quelques-uns.
Il en apprit le goût.

Un été il faillit
se noyer, mais il vit son visage
un long moment dans ce lac.
Il apprit alors son visage.

Un automne il fut aussi grand
que ses parents
et cela le fit penser
à eux.

C'est ainsi qu'il apprit
à se souvenir.

Un jour, dans le froid de l'hiver
il trouva un oiseau gelé
qui ne bougeait pas.
C'est ainsi qu'il apprit les larmes
qui de son visage tombaient
vers l'oiseau.
Il resta penché sur lui un long moment.

Je sais son histoire,
ce qu'il apprit.
Je le sais.
Je vous le dis.
Toutes ces choses!
Je pleure quand je les dis.
Je suis Petit-Lynx.

QUE L'AVENIR DEVIENNE...

23 janvier 97

Aujourd'hui, Yin est venue nous rendre visite et rapporter des livres empruntés.

– Comment vas-tu, Yin?

– Bien, mais dans ma nouvelle école, ce n'est pas la même chose qu'ici.

Aimable intention; en ce temps du Nouvel An chinois, Yin a apporté des cadeaux, de petits éventails pour chacun de ses anciens professeurs, et un plus grand pour la titulaire, en l'occurrence moi-même.

– Je te remercie, Yin. N'oublie pas de pratiquer ton français surtout!

– Non, je n'oublie pas...

Bachir est souvent excité. Aujourd'hui, j'ai dû l'envoyer travailler chez l'éducateur-conseiller (par contraste Azim est, lui, trop calme, inhibé).

Une brève discussion a eu lieu à son sujet avec la psychologue, rencontrée à la salle des profs. Il est conseillé aux parents de consulter un neurologue. Le ritalin, peut-être...

Le ritalin! remède à tous les maux, drogue approuvée.

En ce qui concerne le comportement des jeunes, il y a lieu de souligner les oppositions suivantes: là où il y a impossiblité d'action, situation sociale ou familiale traumatisante, il y a nervosité; là où la révolte est impossible, il y a agitation, folie; là où le désir est entravé, il y a délinquance.

Milieux pauvres, immigrés, familles monoparentales, tiers monde généralisé. *Difficultés de concentration*, dit-on. Combien de garçons en sont-ils atteints?

Point ne sert de minimiser la gravité de ces symptômes de maladie sociale, visibles chez les jeunes (immigrants ou non).

Mais sur la planète uniformisée, le citoyen du futur est né: Robot-consommateur, humanoïde au regard fixe, avalant lorsqu'on lui dit d'avaler, recrachant ensuite pour les même motifs, pilules et innovations mercantiles.

Il y a quelques années, le cauchemar ne se déroulait qu'à l'Est...

Bachir, Algérien issu de la classe aisée m'a parlé, quant à lui, de cette bombe ayant éclaté au club de karaté. «J'ai vu la mort en face», m'a-t-il confié. Il m'a parlé de la rançon payée par le père au GIA, afin que son frère et lui-même aient la vie sauve. L'équivalent serait de sept cent mille dollars. «Mon père, un industriel, un *self-made man*; un des seuls du Maghreb dans sa spécialité», m'avait dit Bachir en début d'année.

Bachir se montre capable de réflexion malgré sa nervosité; il est intéressé à comprendre.

– Au moins, lui dis-je, tu as de la chance. Des parents instruits. Qui s'occupent de toi...

(En Algérie, actuellement, à l'occasion du Ramadân, des attentats sont perpétrés chaque jour.)

A Bachir, je propose de résumer *Les raisins de la Galère*. Histoire de Nadia, jeune Algérienne, dont en classe j'ai lu à voix haute le début. Encore enfant, Nadia est chargée d'aller chercher le fameux drap couvert du sang de la mariée:

> *[...] Le mari de ma sœur est très comme on les aime chez les Arabes. Sûr de lui, content de lui, il aime se faire servir. Sa femme est aussi sa bonne [...]*
>
> *[...] J'ai aidé ma sœur à faire sa toilette. J'ai passé ma main sur ce corps jeune et frais d'à peine seize ans, un corps maltraité toute la nuit par une brute qui n'avait fait que forniquer jusque-là avec des putes au gros cul [...]»*

Début percutant, s'il en est!

Les raisins de la Galère, en plus de poser le problème des relations hommes-femmes, pose celui de l'acceptation des immigrés. Excellent est ce roman-jeunesse, l'histoire d'une Algérienne, écrite par l'écrivain marocain Tahar Ben Jelloun.

Pour en revenir à Bachir, il vit en permanence sur des charbons ardents, ce qui me fait un peu penser aux personnages du film *La Haine*. (Chercher à anesthésier ces petites grenades humaines, c'est comme cacher sous terre la vérité et lui marcher dessus; du moins c'est ce que j'avais pensé après avoir vu ce film.)

A mon bureau également, à l'heure du repas, je discute avec Olivier, le nouveau. Garçon solitaire, issu d'un quartier difficile de Lima, Olivier m'explique que le revenu de la famille a totalement chuté; les parents n'ont pas encore trouvé d'emploi.

De plus, Olivier m'avoue avoir déjà consommé beaucoup de drogues. Je lui fais remarquer que ce qu'il consomme en ce moment est un peu différent. Tel est son luxe, sa passion, la drogue accessible à son intelligence, à son budget: la littérature, l'écriture.

Après une biographie de Nietzsche, le voici plongé dans la poésie de Rimbaud.

Il me confie un joli cahier, ses poèmes écrits en espagnol. Je l'incite à en écrire en français, et lui propose de choisir une oeuvre parmi les romans de Gabrielle Roy. Olivier a choisi *Ces enfants de ma vie*.

La composition actuelle de la classe en ce milieu d'année n'est malgré tout pas des plus favorables aux échanges.

Natalia, extrêmement réservée, maladive, s'absente souvent, ne fait pas beaucoup d'efforts pour s'impliquer. D'origine juive, avant d'immigrer à Montréal, elle a vécu deux ans à Tel-Aviv. Croyant remarquer sa distance par rapport à Ali, qui affiche volontiers ses origines palestiniennes, il m'a paru préférable de les asseoir éloignés l'un de l'autre.

Po Hi, mon étudiante coréenne, envoyée par sa famille pour étudier le français (elle devrait séjourner ici quatre ou cinq années), se montre très zélée, aimable, parfaite au niveau du travail, mais demeure également extrêmement timide, effacée.

Pour ce qui est d'Azim, il ne fait pas beaucoup d'efforts pour se trouver des coéquipiers ou se faire accepter d'eux (au moins a-t-il évolué sur un point: il accepte maintenant de travailler aussi avec des filles!)

Olivier exécute les travaux demandés, mais pour le moment demeure très en retrait (certains élèves d'accueil m'ont parfois donné l'impression qu'ils s'attendaient à ce que je sois un peu leur professeur privé).

Certains jours, Elisabeth a du cœur à l'ouvrage. Cela dépend de son état de santé, car elle vit sous médication.

Laura est souvent dissipée. S'attire des ennuis avec d'autres élèves à l'intérieur ou à l'extérieur de la classe.

Teresa, heureusement, se montre enthousiaste et très sociable, Reynaldo communique intensément avec ses coéquipières. Mais à part ces deux étudiants, je puis dire que les plus vieux, cette année, ont du mal à jouer un rôle de leader auprès des plus jeunes.

Ce fait, inhabituel, me déçoit un peu. Mais la diminution du nombre d'élèves inscrits ne permet pas beaucoup de changements au niveau de nos groupes. Les récentes politiques gouvernementales rendent plus difficile l'immigration, ce qui a entraîné une baisse du nombre d'élèves et restreint cette année les possibilités de classement, ainsi que la capacité d'équilibrer nos groupes. Les années passées nous montions jusqu'à neuf ou dix groupes. Cette fois, il est probable que nous ne dépasserons pas cinq groupes; ce qui également remet en cause le fait que l'un d'entre nous soit libéré d'enseignement durant plusieurs périodes afin de se consacrer à la coordination de l'équipe, à l'évaluation des nouveaux.

Ces derniers temps, j'ai dû opter pour un fonctionnement plus traditionnel et m'en tenir davantage aux travaux individuels.

Les ateliers, j'y reviendrai pourtant, ne serait-ce que pour faire face aux disparités de niveaux. Car Malika, Florence et Andrea, Rosario et Caterina, Ali, Emelyne, Gina, Laura, Bachir et Azim se destinent normalement aux secondaires II ou III; tandis que les autres visent plutôt les secondaires IV et V.

24 janvier 97

Tout au long de l'année, j'ai l'habitude de proposer en lecture maints extraits portant sur les coutumes, les récits, les traditions du Québec. Il est temps de passer à l'analyse ou à la compréhension-explication des textes plus élaborés, ce qui est l'occasion d'aborder l'étude d'auteurs québécois et canadiens français: Roch Carrier, Gabrielle Roy, Félix Leclerc, Yves Thériault... Michel Tremblay *(Contes pour buveurs attardés)*...

Cette liste est toujours sujette à être complétée par d'éventuelles trouvailles; car il y a tant de richesse parmi certains auteurs oubliés ou non consacrés.

J'ai commencé également à introduire du Maupassant, Hugo, Daudet...

25 janvier 98

> *«Si j'étais président de mon pays, je ferais construire des usines et tout le monde aurait du travail. Je réparerais les routes afin que le commerce puisse se faire. Je m'occuperais de l'élimination des déchets. Je construirais des écoles et ferais en sorte que les jeunes ne prennent pas de drogue. Je construirais des maisons, des terrains de jeux pour les enfants. J'augmenterais le salaire des travailleurs. Je baisserais les impôts et m'adresserais aux gens pour trouver les bons moyens de résoudre les problèmes de notre pays.»*

Ce texte écrit par Ernesto, un réfugié salvadorien, montrait son besoin de réfléchir aux problèmes de son pays. En maintes occasions, Ernesto et d'autres Sud-Américains avaient fait preuve de solidarité.

Cela m'amène à citer l'exemple des Guaranis*. Il n'y avait pas de propriété privée, autrefois, chez les Indiens guaranis ou autres groupes d'Amérique du Sud. Par conséquent, il n'y avait pas de pouvoir; du moins, pas de pouvoir au sens où nous l'entendons.

La réciprocité aurait été le fondement de ces anciennes sociétés où les individus étaient pourtant nombreux (on parle de 1 500 000 Guaranis en 1539, avant les épidémies de variole, notamment). De cette réciprocité, peut-être, découle le sens de

---

* «Le pouvoir démocratique entretient un rapport privilégié aux éléments dont le mouvement réciproque fonde la société; mais cette relation, en leur déniant une valeur qui est d'échange au niveau du groupe, instaure la sphère politique non seulement comme extérieure à la structure du groupe mais, bien plus, comme négatrice de celle-ci: le pouvoir est contre le groupe, et le refus de la réciprocité, comme dimension ontologique de la société, est le refus de la société elle-même.» (Pierre Clastres, *La société contre l'Etat*)

la solidarité propre aux peuples d'Amérique centrale ou d'Amérique du Sud (parfois également aux Québécois).

Chez les Guaranis ou autres peuples primitifs, on faisait fréquemment pour commander, appel aux timides, car souvent ce sont eux les sages et, contrairement à ce que l'on croit, ceux qui n'ont pas peur.

Toutefois, dans nos pays dits développés, celui qui crie le plus fort, c'est celui qui mène. Et il suffit de voir les candidats au gouvernement s'affronter à la télé avant les élections.

A part quelques moments mémorables, reliés à des conjonctures particulières – comme par exemple un De Gaulle volant au secours de la France, un René Lévesque, exemple de ferveur, élu en 1976 –, la politique déçoit.

Il est à noter qu'à ces deux chefs d'Etat, pourtant remarquables, adulés, le peuple s'empressa de tourner le dos ensuite.

Par ailleurs, autour de De Gaulle à Londres, il n'y avait qu'un millier de Français prêts à se battre. Cela signifie que seule une infime minorité de citoyens est vraiment prête à sauver le pays quand c'est nécessaire (une infime minorité peut suffir, par contre, à perdre un pays; à perdre le monde!)

En 1968 en France, comme en 1970 au Québec, les utopies pacifistes et autres se sont diluées dans l'évasion des *fins de semaine*, dans la possibilité des voyages au loin (ce qui, en soi, était pourtant un bien). Les portes des églises se sont fermées; au même moment, on eut accès aux centres d'achats à longueur de semaine.

Combien d'années d'oubli se sont-elles écoulées ensuite?

Qui, parmi les élus, les politiciens, qui, dans nos sociétés technologiquement développées se montre capable de lutter contre les maux qui nous ravagent?

Parmi les écrivains, y a-t-il l'ombre d'un engagement?

A son époque, Emile Zola se dressa seul avec courage contre la nation française entière et l'empêcha de basculer dans l'anti-sémitisme*.

---

* Référence à l'affaire Dreyfus et au célébre *J'accuse* de Zola.

D'écrivains capables de tels actes, de Salman Rushdie, il n'y a pas beaucoup.

«Leurs enfants se piqueront pour oublier que leurs pères n'ont rien inventé», dira cependant Daniel Pennac, dans sa *Fée carabine*.

Pennac est, à ma connaissance, le seul écrivain français à avoir choisi de construire ses romans à partir de réalités propres à l'époque de l'après-colonisation, à savoir l'indifférence d'un monde vieux, hiérarchisé ou essoufflé. Le monde où Pennac nous entraîne est cet autre Paris, intrigant, diversifié, terrible et aussi vivant, des immigrés. Benjamin Mallaucène n'est peut-être, lui, qu'un bouc émissaire, mais au moins est-il un *frère* de famille.

Tahar Ben Jelloun, quant à lui, écrit au sujet du racisme et nous aide à mieux comprendre les Maghrébins.

Au Québec, la dernière grande littérature humaine sociale est malgré tout celle de Michel Tremblay avec les *Chroniques du plateau Mont-Royal, Les belles-sœurs*, etc.

Une production abondante, la beauté de la langue utilisée, l'émergence d'une certaine modernité suffisent-elles?

Du reste, le néo-libéralisme ne permettra pas forcément la diversité. Les petites maisons d'édition risquent d'être avalées par les grosses. Au lieu de questionner, de lier politique, art, société; au lieu d'accorder sa place à *l'homme*, dans le mal comme dans le bien, la littérature ne sera-t-elle à l'avenir que sensations, effets, dispersion dans l'éphémère?

La guerre, la grande guerre mondiale qui sévit en ce moment est la suivante: guerre du monopole, des marchés, du pouvoir. Les belligérants portent des noms de trusts, de banques. Leurs armes s'appellent dollar, mark (euro), franc, yen...

On peut dire qu'au moment où les humains possèdent les moyens de supprimer l'argent, sur notre planète, la coercition pour l'argent, les biens, n'a peut-être jamais été si grande.

Tel est notre Moyen Age, notre époque féodale.

26 janvier 97

Bachir a entièrement lu son livre. Je reçois son commentaire, enthousiaste: «Madame, ce livre, il est super: là-dedans, tout est vrai; c'est le premier livre qui m'a plu, que j'ai lu jusqu'au bout!»

Son travail écrit, remis dans les délais, vient me confirmer ses capacités intellectuelles. J'ai droit également à cette confession: «En Algérie, j'étais doubleur puis, tu sais, on m'avait mis dehors du lycée!»

Le livre circule. Les Algériennes, notamment, sont très intéressées.

Après s'être plongé dans les poèmes de Khalil Gibran, Ali en est maintenant au *Sixième jour*, d'Andrée Chedid; il éprouve un peu de difficulté dans cette lecture, toutefois.

Pour ce qui est de ses relations, il a noué une amitié avec Caterina (ses parents l'ont reçu avec amabilité); il s'entend également avec Azim et quelquefois Bachir. Mais, pas très enclin à la réflexion, il n'est guère des plus agréables dans une équipe.

La journée du 28 sera réservée aux examens. Pour mes étudiants, ce sera une composition. A la recherche d'un sujet qui permettrait aux plus scolarisés une véritable réflexion, j'ai retenu le thème de l'amitié.

Plongée une fois de plus dans mes *Lagarde et Michard*, et retrouvant, après Rabelais, Montaigne; auteur qui m'avait *parlé*, Montaigne, découvert à l'âge de quinze ans.

Montaigne: *De l'institution des enfants. L'art viril* et *La vertu aimable*... Le stoïcisme de Montaigne éveillé par la maladie de son ami La Boétie.

«*Qu'un ami véritable est une douce chose!*» Voilà qui ferait une bonne introduction...

Quelques phrases empruntées à d'autres auteurs... La relecture de passages d'un ouvrage qui m'est cher (ces quelques livres, devenus amis), *l'Amitié* d'Alberoni. Je prépare d'autres extraits abordant ce thème; ils sont nombreux dans la littérature (extraits de *Tom Sawyer*, présentation du livre *Au revoir les enfants* – éventuellement suivrait le film –, extraits de Françoise Dolto dans le *Complexe du Homard* à propos des adolescents et de l'amitié...)

La littérature: moyen d'apprendre la vie, comme les bons films.

Pour d'aucuns, ce sera la dissertation littéraire à proprement parler; pour d'autres, l'occasion d'une réflexion à partir de sa propre expérience. En prolongement, seulement, ces élèves liront plusieurs textes.

Dans les escaliers, je croise Camille, professeur de français en secondaire II et III. En commun, nous avons une serviette gonflée, lourde à porter!

Cette passion de la littérature est nôtre. Nous sommes d'ailleurs plusieurs à échanger des livres, à partager nos impressions de lecture.

– Heureusement, disait l'autre jour Camille, sortant de son sac à main un de ces bouquins qui toujours l'accompagnent, heureusement qu'il y a la littérature, la musique, les arts; sans cela, on se jetterait en bas d'un pont!

En France, on a remarqué le phénomène du suicide chez les professeurs, depuis quelques années.

Qu'en est-il à notre époque de «l'institution des enfants» (et de la survie des professeurs). Qu'en sera-t-il à l'avenir?

Le français, l'écriture, que cela soit vu non point comme une fiction, un roman, mais comme la vie qui pense, s'organise, évolue! L'écriture, le français, je veux l'enseigner non pas comme fatalité à subir, comme notions éparpillées, cloisonnées, mais comme une aventure, un possible, un paysage où il fait bon vivre.

La réflexion des élèves au sujet de l'amitié, les échanges qui ont suivi furent des plus intéressants. Je regrette de ne pouvoir publier leurs textes, trop longs, car ce sont à mon avis leurs premiers vrais travaux de composition (Laura, en particulier, a écrit un texte étonnant, démontrant une excellente capacité de réflexion).

Ce qui ressortait était autant la difficulté de trouver l'amitié (la confiance) de nos jours, que sa très grande nécessité.

Lorsqu'on pense au nombre de suicides, je me dis qu'il y a effectivement urgence à aider nos jeunes à rebâtir l'amitié.

L'amitié est en relation avec l'art de vivre. Elle s'apparente aussi à la faculté d'aller au-delà de soi. Mais les hasards, l'éphémère, c'est cela qui, de plus en plus, domine; les «rencontres» à proprement parler, sont assez rares. Lorsque tout n'est que superficialité, vide, hypocrisie, indifférence, il ne reste que des «opportunités». De l'autre, on se demande: «A quoi peut-il me servir?»

27 janvier 97

La réunion pédagogique du début d'étape commence par un discours du directeur:
– Au point de vue animation, ambiance générale, notre école est un exemple.
... (Silence)
– Au niveau académique, par contre, nous n'avons pas tout à fait les résultats souhaités...
Mutisme de l'auditoire, face à ce qui apparaît de plus en plus fréquemment: l'étendard de l'excellence brandi comme *LA* solution à tous les problèmes de l'école publique.
Ce discours de la direction, ne ressemble-t-il pas ce matin à l'aveu d'impuissance d'un professeur devant sa classe muette?

Au Québec, des changements radicaux ont eu lieu en éducation aux environs des années 1970. On s'apprête maintenant à réformer l'enseignement du français, on tente de revenir davantage à l'histoire... Les efforts du présent gouvernement vont en ce sens.
Pour ce qui est de l'enseignement des sciences, le terrain semble plus incertain, une réorganisation est nécessaire également. Certaines habiletés sont à développer dès le primaire. Sur ce plan, la théorie de Piaget, faisant référence à la pensée opératoire concrète, montre l'importance de développer à ce jeune âge le sens de l'observation ainsi que certaines capacités reliées à la méthode scientifique.
Mais dans cette application absolue de la didactique, cette approche par objectif que le Québec fut seul au monde à appliquer intégralement, sous un prétexte d'objectivité, il y avait la négation de *l'humain*. On ne considérait *que l'objet* d'étude, *l'item* étudié (la *denrée*).
Excellence, donc, puisque la compétition plus que jamais est féroce.

«L'excellence au détriment de la pensée». Tel était le thème développé par Bill Reading, professeur à l'Université de Montréal, dans son ouvrage publié à titre posthume: *University in ruins.*

L'excellence, n'est-ce pas comme n'utiliser qu'une partie de la pâte et laisser retomber le reste, au lieu de lui donner forme, de préparer le bon pain?

Excellence... Impitoyable compétition...

Faillite de la famille. Faillite de l'individu. Les gouvernements, eux, comment se portent-ils? Ne sont-ils pas là pour durer?

Pour contrer cela, tenter de retrouver l'entraide, la solidarité, héritage pas si ancien, mais affaibli, de la tradition québécoise.

Pourrait-on envisager au moins la réconciliation des forces du pays – du moins ce qu'il en reste: des laïcs éclairés, associés à un clergé éclairé également?

Le culte de l'excellence, associé à celui de la personnalité, du *moi,* n'est-ce pas la volonté de développer, non pas une élite comme à l'époque des grands collèges classiques, non pas un éveil de la conscience individuelle ou collective, mais la volonté de former des gens performants en des domaines très *pointus,* un point c'est tout?

Apprendre aux jeunes à réfléchir, à penser, leur donner accès à la culture; se doter d'une école publique solide, c'est exactement la même chose que favoriser le développement durable, la convivialité au niveau de la nature!

(C'est également grâce au libre arbitre, à l'esprit de justice, un moyen de se protéger contre ces démons-anges, gardiens de l'*ordre* et du *pouvoir,* qui apparaissent dans les périodes de crise.)

Du reste, des élèves chinois j'ai appris que pour étudier le passé, désigner l'arrière n'a aucun sens. Pour les Chinois, le passé est ce qu'on place à l'avant, afin de le bien regarder et, en connaissance de cause, mieux construire l'avenir!

29 janvier 97

«Développer les habiletés à la recherche», «aider l'élève à acquérir une méthode de travail intellectuel». Avec les élèves nouvellement arrivés, je dois m'attendre en ces domaines à recommencer mes explications.

Gina, arrivée en janvier, proteste.

Qu'est-ce qui lui prend, à cette prof, d'exiger qu'on fasse des recherches, d'exiger en plus que les devoirs soient écrits dans l'agenda (des lectures qui doivent être faites à la maison, et que les parents contrôlent)!

(Du reste, pourquoi, réfléchir, se casser la tête? Pour apprendre le français, des exercices de grammaire suffisent!)

Je n'ai pas d'autre choix, en ce milieu d'année, que celui de jouer le rôle ingrat de dompteuse...

3 février 97

A la suite d'un devoir donné aux plus vieux, un texte portant sur le futur et l'intelligence artificielle, ses possibilités multiples mais également ses limites, j'ai apporté la cassette du film *2010*. Permettant de réfléchir aux limites de *Al*, le super robot, ce film me paraît en ce moment retrouver toute son actualité.

A l'annonce du film, Gina me décoche un sourire, large, indicible. Véritable déclaration d'amour. (De l'amour acheté?)

– Que je n'en vois pas un traîner pour s'installer devant l'écran. La projection du film, cet après-midi, commencera à 13h15...; à la fin, il y aura une discussion.

– Ouais! (Applaudissements...)

Sur ce, la cloche sonne. La bande joyeusement s'égaye.

Cet après-midi, pas un mot durant la projection. Et même si, lors de la discussion qui a suivi, les opinions émises étaient quelque peu... discutables, il faut un début à tout. Les questions posées étaient quant à elles, intéressantes*.

7 février 97

Deuxième rencontre de parents.

---

* Je me souviens de ces ciné-clubs au collège de ma jeunesse, des discussions animées par le professeur ensuite; cela m'avait appris à réfléchir, à observer, à analyser.

Laura et sa mère viennent en premier. A cette dernière, je m'efforce de remonter le moral, l'encourageant à maintenir le dialogue avec sa fille; conseillant la fermeté, la clarté à propos de ce qui est permis ou non. Me déclarant à sa disposition.

Parents d'Emelyne, préoccupés par les difficultés de celle-ci et s'inquiétant au sujet du classement. J'avertis la famille de la possibilité, l'an prochain, d'une classe d'adaptation.

Tante de Florence, enfin! Elle aussi, consciente du peu de temps disponible de la maman, et du manque de travail à la maison.

Père de Bachir, tenant à suivre de près son fils, et voulant se rassurer au sujet des progrès réalisés par ce dernier.

– Ici, on ne te fera pas de cadeau, et tu ne bénéficieras d'aucun appui, redit-il.

Père d'Azim:

– En maths, mon fils est très doué!

De nouveau, expliquer que le français d'Azim est insuffisant. Aborder un autre problème: la surdité de mon élève, niée par la famille, la mère notamment (cela est une tare, à cacher).

Dans ces conditions, comment Azim pourra-t-il y faire face?

L'appareil auditif n'est pas toujours porté tel que convenu; j'interroge les parents sur ce point.

Azim ne doit-il pas s'ouvrir, développer sa curiosité à tous niveaux: lecture, films, activités parascolaires... L'amener à émerger davantage de cette bulle où la timidité, reliée à son léger handicap, tend à le maintenir...

Voici le tour de la mère d'Ali. Ce dernier l'accompagne. En la présence maternelle, craintif au sujet de ses résultats, Ali, le fanfaron, n'en mène pas large.

Père d'Amina. Soulagement de cette dernière, lorsque je communique les premiers résultats, très satisfaisants...

En cette deuxième réunion, le sujet de conversation sera l'orientation de l'adolescent, le niveau qu'il devrait intégrer la prochaine année.

13 février 97

Surprise! Leïla est revenue.

Au sujet du fiancé, elle est demeurée évasive. Notant chez ma jeune fille une certaine tristesse, je lui ai exprimé mon soutien sans trop poser de questions.

Bienvenue aimable et studieuse Leïla, grande sœur, élément positif, dynamique au sein d'une équipe!

Afin de commencer immédiatement le rattrapage, il est convenu que Leïla me remette plusieurs travaux en retard.

«*Si j'étais présidente de mon pays, mon argent ne servirait qu'à aider le monde. Je m'attacherais à faire respecter les lois, l'organisation de toutes les villes. J'apporterais l'espoir dans le cœur des populations. J'agirais selon mon devoir uniquement. Je voyagerais sans cesse dans tout le pays pour construire la paix entre pauvres et riches. Mon but serait d'apporter la paix, de mettre fin une fois pour toutes à cette guerre stupide qui plante la haine à l'intérieur des gens.*
Mais je ne suis qu'une fille étudiante alors je servirai mon pays en réussissant à l'école.»

Avec bonheur, j'ai retrouvé aujourd'hui ce petit texte de ma jeune Libanaise.

14 février 97

Journée spéciale de la Saint-Valentin. Le matin, à la première période, rendez-vous à la pastorale. Beignes et cœurs en chocolat y accompagneront les jeux.

Pour les deux autres heures de cours, j'ai prévu un examen de grammaire. (Ce qui, je te l'avoue, en ces journées d'effervescence est le moyen d'éviter toute contestation en ce qui concerne le travail.)

Pour la circonstance, nombre de professeurs et d'élèves s'habillent en rouge. Couleur identique pour tous, exprimant l'amour, (la jeunesse, le sang versé pour la patrie – donc le courage nécessaire –, la fraternité!); couleur uniforme du «je-suis-génial-regardez-je-bêle-comme-les-agneaux-au-sein-du-troupeau»!

Mais que peut valoir un monde où l'amour n'est représenté que par le chocolat? Que peut valoir une école où l'on «fait de la poésie» lors de la Saint-Valentin?

De nos jours, l'Amour existe pourtant, et tout autrement.

Je citerai quelques extraits d'une lettre de Simonne Monet, âgée alors de vingt-deux ans, adressée à sa mère, au lendemain d'une Saint-Valentin. Car ce que Simonne annonce – son amour pour Michel Chartrand –, n'a rien d'un amour *guimauve* ou *chocolat:*

> *«Cette décision conjointe fut prise le jour de ta fête, mais n'a rien à voir avec la sentimentalité de la Saint-Valentin... Puis-je te l'offrir en cadeau? De toute façon, je te l'offre...»*
> *«J'estimais déjà Michel Chartrand, je crois l'aimer gravement.»*
> *«Il va falloir apprendre à mieux se connaître, à se soutenir l'un l'autre, à se compléter, à faire longue route ensemble».*

N'est-ce pas plutôt ce genre de littérature qu'il faudrait proposer à nos jeunes? Afin que leur source jaillisse, prenne acte, qu'elle ait un peu de chance d'émerger au grand jour et, peut-être, devenir rivière ainsi que fut la vie de Simonne Monet-Chartrand!

17 février 97

L'invitation de notre gentille secrétaire Sylvie à son chalet arrive à point. Cette journée de ski en compagnie de quelques joyeux collègues me paraît des plus prometteuses.

Par-dessus le marché, dans quelques jours aura lieu une activité *glissades trippantes;* activité de plein air ne pouvant qu'être bénéfique.

Les sorties sont précieuses en ce moment de l'année; elles sont toujours importantes de toute façon pour les nouveaux arrivés.

(Ces dernières années, question budget, nous avons été gâtés. A l'avenir, toutefois, il faudra trouver les moyens de pallier ce manque de ressources monétaires. Notre budget est avalé d'ores et déjà par cette première sortie. A ce sujet, il est question que nous nous réunissions Francine, Eric et moi.)

A mon regret, Rosario, Teresa, Gina boudent la sortie malgré son prix très modique!

– On y est allées l'an dernier, ont dit les deux premières, entraînant la troisième dans cette non-participation.

En ce qui me concerne, pour un jour, dévaler les pentes, n'être plus seulement celle qui exige travaux et devoirs mais l'adulte complice se livrant au même plaisir que les jeunes me sera bien agréable...

19 février 97

Combien d'immigrants ne rêvent-ils pas encore de *faire* l'Amérique, de gagner le gros lot? De revenir ensuite, la tête haute, faire un tour au pays.

Cela se reflète parfois dans les écrits des étudiants:

«*Si je pouvais gagner le million, j'aurais plusieurs maisons, une grande piscine. Je voyagerais tout le temps. Dans mon pays, partout. J'inviterais souvent mes amis. Tout le monde serait charmant avec moi, n'est-ce pas?*»

Voilà un aperçu du texte écrit il y a quelque temps par Natalia:

«*Quand j'aurai vingt-cinq ans, j'exercerai le métier d'avocate. J'aimerais être respectée, admirée par les personnes de mon entourage. J'épouserai l'Amour de ma vie. Je l'épouserai à condition qu'il ait un métier et puisse subvenir aux besoins de sa famille. Je voudrais qu'il me respecte et qu'il m'aime. Je ne sais si j'habiterai ici ou retournerai vivre dans mon pays natal. Mais j'achèterai une maison où je vivrai avec mon mari, mes enfants et surtout ma chère Maman, car c'est grâce à elle si je deviens tout ça.*»

En plus de ce besoin de réussite, professionnelle et souvent matérielle, besoin très présent chez celui qui a souffert, qui a tout quitté, cette charmante lettre de la jeune Malika révèle à quel point nombre d'émigrés demeurent partagés entre deux pays, deux réalités. Et cela comporte un risque.

Tel ne me semble pas toutefois l'état d'esprit d'Idris, le Guinéen, fréquentant une autre classe d'accueil et avec qui j'ai eu hier, sur la patinoire, une conversation.

Dans son pays, dès l'âge de quinze ans, Idris était responsable d'un atelier d'ébénisterie. Après un séjour au lac Saint-Jean, Idris est venu chercher en ville l'instruction qui lui manquait.

– Mes parents du lac Saint-Jean, ils étaient gentils, eux!

– Tes parents montréalais, Idris, ils ne sont pas gentils?

– Non, et ils ne me comprennent pas.

Idris n'a pas l'air heureux en effet.

Fier, Idris, trop peut-être pour se laisser facilement avaler, liquéfier. Pour oublier qu'il a failli être quelqu'un en cet ailleurs qui était chez lui.

Idris, très peu scolarisé, n'oublie pas pour autant qu'il est un homme et non un numéro, un consommateur tout juste bon à acheter au magasin ce qu'on veut lui faire acheter.

Mais Idris n'étant pas mon élève, je n'aurai guère l'occasion de le connaître vraiment.

Idris, le Guinéen. Mukala, le Zaïrois. Des Africains, il n'y en a pas autant à Montréal qu'à Paris.

Mukala, mon ancien élève, l'autre jour a traversé l'école spécialement – ses cours se donnant à l'étage supérieur et dans l'aile opposée – pour m'annoncer cette nouvelle:

– Mon grand-père est mort, en Afrique.

Important est le rôle joué par le grand-père. De plus, le père de Mukala avait été forcé de vivre plusieurs années dans la clandestinité – un cas de figure classique chez les réfugiés; Mukala et sa sœur étaient restés plusieurs années chez leurs grands-parents.

Ce n'était pas la première fois qu'on venait ainsi m'annoncer la mort d'un grand-père ou d'une grand-mère.

En retour, mes quelques paroles de réconfort; je n'avais guère de temps durant la courte récréation. J'ai regardé s'éloigner Mukala. Juste le temps de me dire que, sous sa carrure large, il portait en lui, à un tel degré, une solitude, la tristesse!

Mukala, contrairement à d'autres, ne semble pas s'être fait d'amis au régulier.

Ce soir, au moins, faire un peu de place, consacrer quelques lignes à cet ancien élève.

Arrivé en milieu d'année, Mukala entrait souvent en opposition avec mes quatre garçons haïtiens. En quelque sorte, Haïti faisait un *Fuck you, Get maman* à l'Afrique. Et l'Afrique lui répondait avec les poings (nous étions assez loin de l'appel du poète Aimé Césaire, le Martiniquais, au poète Léopold Senghor du Sénégal, assez loin de l'Antillais redécouvrant sa terre mère, son Afrique).

C'est que Mukala, fils de réfugié zaïrois, était scolarisé, cultivé, conscientisé politiquement parlant; les quatre Haïtiens par contre (bien que sérieux, appliqués), sur le plan de leurs études, en arrachaient.

Dans le but de provoquer échange et discussion, j'avais proposé l'écoute de cette très belle histoire: *Un matin pour Loubène,* de l'auteur zaïrois Puis Ngandu Nkashama*. L'histoire, sur cassette audio, était dite superbement par un conteur haïtien. Le livre, publié au Québec dans une collection dirigée par une éditrice d'origine Française, était illustré par un jeune graphiste québécois.

L'interculture, de nos jours, ce n'est pas toujours un rêve!...

L'activité réussie, la discussion avait été intéressante, ce qui par la suite avait amélioré les rapports, sans qu'il y ait malgré tout harmonie totale. Un des garçons haïtiens et Mukala avaient ensuite été intégrés respectivement aux secondaires II et IV; les trois autres garçons haïtiens, modèles de sérieux, d'effort, à cause de leur âge, avaient été admis aux cours d'adultes.

A brûle-pourpoint, me reviennent ces autres images. Images truquées d'anciens livres de bibliothèque; la planète y était passée au tamis d'un angélisme crétin. Les images qu'on donnait à boire à des nations entières étaient les suivantes: Sambo le petit nègre pour gentils enfants français, Tintin au Congo, offert à Noël aux aimables héritiers d'un esprit colonialiste...

Ces mensonges, petite fille curieuse, je ne les avalais pourtant qu'à petites gorgées.

Il fallait vendre un monde joli, un monde d'albums illustrés. Afin que chaque chose reste sagement en place: Sambo et Mamadou, mignons minois colorés, devant leur jolie case, vêtus d'un joli pagne (à la mode de Paris), avec en plus des Africains parlant tous p'ti'nèg', comme il se doit!

---

* Editions Hurtubise, Montréal, 1991.

Au moins, depuis ce temps, y a-t-il eu d'autres livres, des musiciens, des festivals de films d'Afrique. Au moins, y a-t-il eu des voyages, des relations amoureuses, quelquefois des mariages.

Je trouve intéressant de citer ce poème pas très récent, mais à mon avis éloquent, d'un auteur du Mozambique.*

> *[...] Mais dépose entre les mains de l'Afrique*
> *le pain qui te reste*
> *et je te donnerai de la faim du Mozambique*
> *les restes de ta gourmandise.*
> *Tu verras comment te remplit aussi le rien*
> *que je te rends*
> *de mon banquet de restes.*
>
> *Car le pain que tu me donnes, Europe*
> *c'est tout*
> *ce que tu rejettes.*

Le *pain* qu'aujourd'hui on offre au monde n'est-il pas ce mode de la consommation, d'ores et déjà rejeté par nous? Ce que l'on veut parfois faire passer pour de la bonté; ces petits anges voletant au-dessus de nos têtes, ne révèlent-ils pas la proximité de démons. Démons qui furent à l'origine des massacres du Rwanda ou autrefois des charniers de Buchenwald.

20 février 97

Eric, Francine et moi-même sommes à la recherche de moyens financiers afin de réaliser un projet débouchant sur une excursion de fin d'année.

De Xavier, autre collègue discret, aimable, mais contracté, replié dans ses collines familiales, individuelles, nous avons essayé de solliciter la participation.

– Pas le temps, répond-il, pressé à la fin des cours d'aller chercher ses enfants à l'école... privée.

Décidément, le pain du boulanger voisin ...

---

* José Craveirinha, 1922.

147

– Je ne tiens pas à les livrer à la délinquance de l'école publique, a dit Xavier l'autre jour, alors qu'en présence d'autres collègues nous abordions ce sujet.

Mais tu serais instruite à l'école publique, toi, n'est-ce pas, et tu voudrais bien sûr que tes enfants la fréquentent aussi?

25 février 97

> *«On ne doit pas se contenter de mettre des livres*
> *dans la vie des élèves mais d'y mettre de la littérature:*
> *que leur vie devienne le lieu de leur propre roman,*
> *de leur propre poésie, de leur propre théâtre!»*

L'immigrant Montréal,
Pierre Monette (Ed. Triptyque, 1994)

Hier matin, pour mon anniversaire, les élèves ont scandé mon nom, chanté à tue-tête lors de mon entrée.

Joyeux début, refroidi cependant par l'annonce de Caterina nous apprenant qu'elle et sa famille allaient être obligées de retourner en Italie, en Sicile, plus exactement. Mais il y a un hic: avant l'arrivée à Montréal, le père aurait eu là-bas des démêlés avec les mafieux du coin; à cause de cela, la famille devrait retourner dans une autre ville.

La date du départ n'est toutefois pas fixée. Afin de ne point interrompre l'année scolaire de Caterina et de son frère, il est question que le retour n'ait lieu qu'au mois de juin.

Attentive aux propos de Caterina, je n'ai pas remarqué tout de suite mon cadeau. Ce qui m'amène à raconter l'histoire d'Amina, arrivée en janvier.

Jolie Algérienne, très intelligente, élégante, Amina s'est comportée les premiers jours en enfant gâtée, d'humeur un peu fantasque; faisant montre d'égoïsme et d'insensibilité envers ses camarades.

Ces petits caprices, je ne m'en cache pas, ont également provoqué en moi un léger agacement. Montrer mes sentiments n'eût cependant pas été la solution. Point question d'accabler de mon mépris un élève. Encore moins de lui en vouloir.

J'attendais qu'une occasion se présente; ce qui ne devait pas tarder.

A l'heure du dîner, un conflit avait éclaté entre Amina et plusieurs de ses camarades algériennes, celles-ci lui reprochant son attitude méprisante. L'après-midi, la jeune étudiante était arrivée en classe en pleurant, ce qui me donnait la partie belle.

«Ce n'est guère facile de s'adapter» avais-je dit, m'arrêtant au pupitre où Amina, pathétique victime de sa beauté et de son caractère, ne parvenait à contenir ses larmes.

A la fin du cours, j'avais joué mon rôle, c'est-à-dire expliqué à Amina: «Ta nouvelle vie, c'est comme une épreuve..., mais tu possèdes suffisamment de talent, d'intelligence, toi, Amina; de plus, tu es capable de t'intéresser aux autres..., ceux qui peut-être ont moins reçu de la vie...»

(Tant de morale, au pays des dollars, je me sentirais prête à porter le voile où l'auréole!)

...Mais ce matin, sur mon bureau, plusieurs pages remplies d'une écriture fine, soignée ont été déposées.

Amina souriante, fière, depuis sa place guette ma réaction:

– C'est une nouvelle, s'écrie-t-elle lorsque je lève les yeux, je l'ai écrite pour vous!

La lecture de la nouvelle me sera très agréable, en effet. Désir de me plaire, opportun certes. Mais véritable cadeau d'anniversaire (me voici donc tout à fait comblée!).

En plus d'être une sorte d'introspection, la nouvelle porte la griffe d'Amina, révèle sa créativité, son esprit. Le désir est là. Est-il besoin d'apposer ratures et commentaires?

Ma patience à lire, cette connivence assortie de bienveillance; l'habitude de garder avec soin, de mettre en valeur ce que l'élève a écrit, n'est-ce pas plus important que tout?

3 mars 97

Enfin les vacances! Combien agréable sera cette semaine de repos et de lecture intense!

Lire Ferron en ces moments de crise sociale offre malgré tout la possibilité d'une introspection. Aussi ai-je choisi cette fois *Les confitures de coings*.

Bien qu'issu de l'élite, Ferron prit le parti des gens modestes (son père était un riche notable, et le jeune Ferron fit ses études chez les jésuites du collège Brébœuf).

A mon avis, son enracinement à la terre natale, ses jeux de petit campagnard bien intégré dans son milieu, ceci, associé aux valeurs humaines paternelles, l'a formé; de sorte qu'il n'aurait probablement pu se sentir en accord avec lui-même en se contentant, ainsi que nombre de ses camarades d'études, de jouer les esprits supérieurs, originaux et insouciants.

Dépasser l'idée de son bien-être personnel (son nombril), être sensible à la pauvreté, respecter les *magouas,* souhaiter l'amélioration du sort des plus pauvres, tel aurait été le désir de Ferron.

D'aucuns diront qu'il agissait par culpabilité.

A cette opinion, je répondrai ainsi: l'intérêt que Ferron porte aux petites gens (comme Rosaire) se situait très probablement au-delà d'une simple affaire de culpabilité. Sans doute agissait-il bien plus par besoin d'harmonie, de cohérence personnelle.

Réconcilier tripes et cerveau est, dans la vie, primordial. Cela signifie réaliser la synthèse de ce dont on a été pétri: les croyances, les émotions, les sentiments, d'une part; le savoir d'autre part.

A partir du moment où l'on s'appelle *Homme,* cela me paraît aller de soi.

6 mars 97

Me voici plongée dans la poésie. A commencer par ces jolis écrits surréalistes, drôles et remplis de fantaisie, d'un vieux poète, rencontré il y a peu de temps.

Faire sa connaissance, en ces mois de correspondance avec mes élèves, est pour le moins amusant. «Je suis un homme de lettres», m'a-t-il déclaré, rieur, et s'empressant d'ajouter: «au sens propre du terme»; ce qui est la vérité, car il passe son temps à écrire de très jolies lettres à ses amis!

«La poésie est le langage naturel de tous les cultes», disait Mme de Staël. A l'époque de la faillite de toutes les utopies, la poésie n'est-elle pas le dernier culte? N'est-elle pas également lieu de savoir?

La poésie aurait désormais un rôle à jouer dans la conscientisation des individus, permettrait de lutter contre l'apparence, la superficialité. Du reste, comment enseigner sans être soi-même éveillé, conscient?...

A l'instant, faire un peu de place à la poésie, au moins présenter ces extraits de trois poètes montréalais. Trois écritures, une époque. Des écritures lucides. Des écritures-souffle, à porter la semence d'un avenir.

IL N'Y A PLUS DE LIEU, plus d'ici, plus de là
plus de seuil non plus,
les ponts ne passent plus,
ni le passage de mousse,
ni le tilleul bourdonnant,
ni la guêpe rouge sur ta tête,
ni le bonnet à quatre cloches,
aucun ruban à lier les papiers,
aucun fil à coudre les gousses,
personne, ni de face, ni de profil,
tu t'es faufilé derrière les saints,
tu observes de dos les images.

    * * *

SUR LE LAC GORGÉ de barques,
lui à l'étroit
entre les voix criardes

se rétrécit jusqu'à devenir la proie
de l'araignée toute à son affaire
de crépuscule,

emmène-le loin dans ta manche,
qu'il y pleure des perles neuves
à échanger contre du pain.

Suzanne Jacob (*La part de feu*, Ed. Boréal, 1995)

    * * *

POESIE

La mer est pleine d'eau
l'air est plein de vent
les députés sont plein de soupe
mais il n'y a plus d'arbres dans le bois
tout va bien
la terre est enfin apte
aux fonctions gouvernementales
étoiles filantes
et feuilles mortes d'agenda
aurores notes du teinturier
troupeaux dont est comptable l'insomnie
pour la laine vierge farouche
nous avons passé tant d'années à polir nos manières
à bouchonner la loi salique la foi punique
l'amour unique
comptemplons ce monde ruiné
qui penche comme une veine de houille
s'il faut quitter ces raffinements perchés
de grues
on ne perdra pas grand-chose
je ne veux plus manger ma vie en conserves
sous des étiquettes étrangères
courtier d'idéal ne touchant pas de commissions
mathématiques et poésie
bande de dictaphone ruban de scapulaire
qui plonge entre les seins
à l'heure du sommeil.

Marc Vaillancourt (*Equation personnelle*, Ed. Triptyque, 1992)

* * *

J'ai de tendres gestes à t'offrir
dans un ballet
que je ne veux pas danser tout seul...

Aussi bien m'appeler pour m'ouvrir les jours
et m'aider à transcender ce moment au pluriel
de silence armé de béton
à la porte des mots...

Aussi bien m'appeler pour ouvrir le bal
afin de répandre ta luminosité
en filigrane dans mon parcours
et revoir l'aigle majeur m'appartenant
construire son nid sur le pic
de ton mont d'étoiles mûres
* *

L'un fait le beau
l'autre la bête
versants contraires
d'un même accord
* *

Tu fais ailleurs par la consécration
*ton **ballerinage** en solo*
bien loin du lieu de l'implantation
plutôt que de danser
dans ma foule en sueur
foulant du même coup aux pieds
l'invitation à profaner certains aspects de la
conformité

Lenous (Nounous) Suprice, (*L'île en pages: poèmes 1994-1996*, Ed. Humanitas)

Pour clore ce court passage, je terminerai par cette question: Pourquoi les poètes ne viennent-ils pas plus nombreux dans les écoles? Pourquoi ne va-t-on pas les voir plus souvent?

10 mars 97

Nous débutons le projet devant aboutir à l'excursion de fin d'année, une possibilité de financement étant apparue. Mais il a fallu exclure plusieurs élèves, le nombre de places étant limitées. Ce qui a fait quelques mécontents (il n'y a pas pour le moment d'autre activité prévue, organisée).

A cause d'un tour de reins attrapé en pelletant la neige devant l'entrée, me voilà en train de consigner ces notes, agenouillée sur un oreiller...
Moi qui n'ai jamais souffert du dos!

...

Vite, mes exercices abdominaux!

12 mars 97

A une ou deux exceptions près, les étudiants sont maintenant capables de lire des textes plus longs et difficiles. Contes et documentaires, nouvelles, récits et extraits variés; aussi des romans. Je puis maintenant aborder de façon assez systématique plusieurs items au programme des classes régulières.

En ce moment, je vois défiler les titres suivants: *Une enfance à l'eau bénite, Ces enfants de ma vie, Rue Deschambault, La petite poule d'eau, Al Capone. Roméo et Juliette, Vingt mille lieues sous les mers, La route de Chlifa, L'enfant et la rivière... L'Odyssée, Croc Blanc.* (Personne cette année n'a choisi *Michel Strogoff*, qui parfois trouve amateur.)

...*J'avais des ailes, mais je n'étais pas un ange, Moi et les cons* (on reconnaîtrait parfois l'élève au seul titre choisi). *Une chanson pour Gabriella. L'eau de la liberté*, roman écrit il y a quelques années par une ancienne élève de l'Accueil, *Le palanquin des larmes, Pointe Calumet, Les grandes marées.*

«En Algérie il n'y avait pas de bibliothèque», dit Azim, apparemment satisfait du *Livre de la jungle*, son premier livre.

«Oui», renchérit Amina, appuyée par d'autres, «et les profs s'en foutaient, comme ma prof de français qui restait assise durant tout le cours, se remettant du rouge à lèvres, amenant son petit enfant qui se promenait partout dans la classe.»

«Pas tous», repartit Malika, «mes profs, moi, je les regrette, il y en a un surtout que je regretterai toujours!»

Olivier, préoccupé par le Bien et le Mal, la spiritualité, a commencé la lecture de *Siddhartha*. Hier, il a lu en classe un texte sur la paix dont il est l'auteur. Les autres étudiants ont écouté avec attention...

...

– Toi, Emelyne, que lis-tu?
– *Le petit âne blanc*, mais c'est difficile.

Lors de la dernière réunion de parents, j'ai essayé d'aborder l'idée d'une classe d'adaptation, mais Emelyne n'en démord pas: ce sera le régulier. Ainsi est l'immigré, le risque-tout; celui qui a tout perdu: «Ce qu'il me reste est cette fierté, l'instruction, la réussite de mes enfants!» Combien de fois n'ai-je pas entendu les parents répéter ceci (se sentir chargé d'un trop lourd fardeau peut d'ailleurs constituer une difficulté).

...Malika m'entretient avec enthousiasme du livre qu'elle vient de terminer: *Le complexe du homard* de Françoise Dolto. A son tour de commencer *Les raisins de la Galère*.

Nous assisterons demain à une pièce de théâtre, en préparation depuis le début d'année et jouée par les élèves de secondaire II, sous la responsabilité de Gisèle qui, depuis plusieurs années, se consacre à cette activité.

14 mars 97

Un individu de cette carrure, se faire malmener ainsi!

...Pour créer de tels problèmes, et empoisonner l'ambiance d'une classe, d'une école, il suffit de trois ou quatre mauvais «éléments».

...Il est incroyable de voir ainsi une direction d'école totalement démâtée; le matériel informatique volé, la quasi-impossibilité pour les professeurs de donner leurs cours!

... Après s'être fait *piquer* les quatre roues de sa voiture, se faire tabasser ainsi par une bande d'élèves, au point de se retrouver avec un bras dans le plâtre...

...Un type de la carrure de Gérard Depardieu!

L'avais-tu deviné? Heureusement, ce que je raconte n'est pas la réalité, ce n'est que le scénario du film: *Le plus beau métier du monde* que je viens de regarder en compagnie de deux amis professeurs.

«Cette vision d'animaux enragés au zoo n'est pas, ne sera jamais nôtre», diront d'aucuns; «Cela se passe ailleurs...»

Dans l'indifférence et la barbarie ambiante, détecteurs de métal, caméras et molosses seraient-ils un jour plus indiqués dans les écoles que des instituteurs, des professeurs; que des animateurs?

15 mars 97

A l'annonce du printemps, l'ancienne sauvageonne voudrait revivre, s'évader (de la ville, on entend déjà les corneilles!) En regardant le ciel bleu par ces trois petites fenêtres haut placées dans ma classe – ce qui, lorsqu'on enseigne au secondaire, est un grand privilège –, je me dis tout à coup que c'était cela la liberté: se réveiller aux chants des oiseaux; sur le chemin de l'école, respirer l'air pur; à la sortie, batifoler dans l'herbe ou dans les roseaux.

C'était cela la vraie enfance. La possibilité d'agir et de rêver...

En classe d'accueil, j'ai connu de ces enfants nature. Il me suffit de retourner quatre ou cinq années en arrière, guère plus.

Avec tant de spontanéité, de fraîcheur, s'était exprimé Rodny, Hondurien de dix-sept ans, lors de cette activité de début d'année, laquelle consistait à se présenter, à faire connaître aux autres ses goûts! «Ce qui me plaît, à moi», avait déclaré Rodny, s'adressant à toute la classe, «c'est de me promener dans la campagne, de cueillir des fleurs.»

Lorsque vint son tour, Fred, le frère de Rodny n'hésita pas à parler du poulain acheté le jour de sa naissance et qui avait grandi en même temps que lui!

Cette année-là, plusieurs élèves, originaires d'Amérique centrale avaient eu un cheval, et quelle richesse (quelle sagesse, quel équilibre) avais-je trouvé chez ces jeunes!

De plus en plus d'enfants aujourd'hui sont muets: sinistrement, dramatiquement muets. Privés de contact réel, de vrais défis; privés de possibilités, de refuges, aussi de cette joie intérieure et de cette poésie naturelle, les jeunes auraient par ailleurs trop de désirs et pas assez de rêves.

Virtuel n'est pas seulement un mot.

Touristes de nous-mêmes sommes devenus, allant contempler ce qui reste de *notre* terre, réduits à écouter sur disque compact le chant des oiseaux; au printemps, allant en excursion apprendre à reconnaître le chant des grenouilles restantes!

Pour terminer ce paragraphe, je copierais ce poème en prose de Jules Renard, un de mes préférés parmi ceux appris autrefois à l'école, et que je puis encore réciter par cœur.

Si je t'offre ce poème, ce n'est pas pour l'immobilité du souvenir, mais pour la mémoire vive (humaine), celle qui nous rend aptes à comprendre, à ressentir, et en notre âme et conscience, à pouvoir encore décider.

CRAPAUD

J'écoute le crapaud. Régulièrement s'échappe de lui une goutte sonore, une note triste. Elle ne semble pas venir de terre: on dirait plutôt la plainte d'un oiseau perché sur un arbre.

C'est le gémissement obstiné de toute la campagne ruisselante de pluie.

Un aboiement de chien, un bruit de porte le font taire. Puis il reprend: «Ou! Ou! Ou!»

Mais ce n'est pas cela. Il y a une consonne avant cette syllabe, je ne sais quelle consonne de gorge, un h un peu aspiré, un peu le bruit de la bulle qui vient crever à la surface d'une mare.

C'est autre chose encore. C'est le soupir d'une petite âme. C'est infiniment doux.

Et comme jamais personne ne lui répond, aucune âme sœur, il finit par se taire tout à fait.

Au Québec, dans le silence des roseaux, j'ai souvent écouté grenouilles et wawarons. De ces derniers, j'ai entendu la plainte rauque, solitaire.

Montréal, heureusement, est parmi les grandes villes une des plus vertes. En cela, elle est un refuge. Au moins est-il possible d'aller s'asseoir au bord de l'eau. Avec un peu de chance, au printemps, on y aperçoit une mouffette, un raton-laveur, on voit dans la rivière sauter une rainette.

17 mars 97

Ce midi, à l'heure de la récupération, Anna-Maria m'attend devant la classe.

Très bonne lectrice, peu avant son départ au régulier, Anna-Maria avait fait un remarquable exposé sur *Le vieil homme et la mer* d'Hemingway.

Anna-Maria, également douée pour l'écriture, manquait cependant de confiance en elle-même.

Ce midi, visiblement déçue, la jeune fille m'explique qu'elle vient de passer un examen oral. Intimidée, elle n'a pas parlé assez fort. En conséquence, la note octroyée, seule à figurer au bulletin, est très basse.

Son exposé, portant sur la romancière argentine Beatriz Guido était pourtant très bien préparé, documenté; le plan en est la preuve. Quant au choix de l'auteur, il me paraît tout à fait intéressant. Beatriz Guido n'est-elle pas une des figures du roman moderne en Amérique du Sud?

A Anna-Maria, prodiguer mes encouragements. L'exhorter à se battre, à faire sa place. Aller plaider sa cause, sans l'excuser toutefois. Jeanine et moi sommes habituées à communiquer, nous nous connaissons bien. A propos de culture, de littérature, de voyages, nous échangeons fréquemment.

La prochaine fois, Jeanine veillera à ce qu'Anna-Maria, trente-troisième élève de son groupe numéro quatre (Jeanine enseigne à deux niveaux du secondaire), réussisse son examen.

Je me demande toutefois ce qui se produirait dans le cas d'un professeur débordé; d'un professeur cherchant uniquement à maintenir le cap. Car cela me rappelle l'exemple d'un autre élève, traumatisé lors de son arrivée au régulier par les remarques d'un professeur qui s'était exprimé en ces termes: «C'est à vous, les *importés* de vous intégrer!»

A l'heure où les budgets prévus pour le soutien linguistique – aide prodiguée aux allophones par un enseignant aux heures de repas – auraient, comme le reste, tendance à fondre, je tiens à citer cet exemple.

Mais Anna-Maria n'est pas très sûre d'elle. Au siècle de la vitesse et de l'efficacité, à l'époque de la survie, du chacun pour soi, cela est bien la pire tare.

Olivier, quant à lui, est venu me parler d'auteurs péruviens, de Vargas Llosa, de César Vallejo. Sur un bout de papier, il m'inscrit des titres. C'est à lui, ce midi, et non plus à moi, de suggérer des lectures...

Cet échange de connaissances de professeur à professeur, d'élève à professeur, de professeur à élève, d'élève à élève, n'est-ce point ce qui s'appelle *culture, interculture?*

Du reste, en hébreu (en d'autres langues), les mots *connaître* et *aimer* ne sont-ils point synonymes? Par conséquent, l'*interculture* ne saurait se détacher de l'humanisme pas plus que consister en un nivellement par le bas.

Après tout, ne point connaître, c'est envahir, c'est jeter l'objet, ce serviteur non-affranchi; c'est se comporter non pas en colon, mais en empereur, en impérialiste.

Et cela m'amène à me demander si, au Québec, un Le Pen aurait des chances d'être élu.

Les gens qui ne veulent pas entendre parler des *importés**, actuellement, ne représentent sans doute guère plus de 15% de la population québécoise.

18 mars 97

Que se passe-t-il aujourd'hui? Les devoirs ne sont pas faits (comme par hasard le jour où l'éducateur-conseiller n'a guère eu le temps d'organiser la retenue...) Pourtant, de devoirs, je ne donne pas beaucoup!

On paresse. Devant le travail, on rechigne.

Accorder la parole à Malika:

– Vous les profs, les adultes, ne nous comprenez pas: vous êtes trop exigeants.

Ce point de vue valant qu'on s'y arrête, je procède à un tour de table:

– Combien d'heures de classe aviez-vous dans votre pays? En Algérie?

– Quarante heures.

– Au Vénézuela?

– Un peu moins de trente heures.

– En Corée?

– Six jours de classe par semaine, et le dimanche on peut aller travailler à la bibliothèque de l'école.

---

* En France, aux élections de 1997, environ 15% de la population a voté pour Le Pen.

De quoi se plaignent les plaignants?

20 mars 97

De nombreuses réunions syndicales s'annoncent. Il est question d'une grève de deux jours. Idée plus ou moins réaliste, étant donné la situation.

D'aucuns affirment qu'il faut se tenir debout afin de ne point laisser se détériorer davantage la situation; ce ne sont malgré tout pas les plus nombreux.

Phénomène anormal, symptomatique et inquiétant pour l'avenir: alors même qu'ils commencent à être les plus nombreux dans les écoles, très peu de jeunes enseignants sont présents à la réunion syndicale.

– Des vendeurs de chars, tous, m'avait dit Yves, suppléant éventuel, bouche-trou de profession, nihiliste et quart-de-consommateur totalement endetté, à la veille des élections de 1995!

En ces termes s'exprime-t-il de nouveau, aujourd'hui, à l'annonce de cette réunion: «La politique, le syndicalisme, l'indépendance, tout ça c'est juste un char de m...»

Exiger que le gouvernement ne touche pas aux surplus accumulés dans les caisses de retraite...

Plusieurs collègues pensent à racheter des années afin de quitter au plus vite le métier. Tel n'est pas mon cas, car mes trente ans d'enseignement ne pèsent pas lourd. Il ne me serait pas permis, de toute façon, de racheter les années enseignées hors Québec. Soumis à une diminution calculée selon un indice actuariel s'appliquant à chaque année manquante, malgré mes trente ans d'enseignement, le montant de mes prestations s'élèverait actuellement à peine à plus de 20%!

La question de la retraite ne se pose donc pas donc pour moi.

LE DEBUT D'UN CHAMBARDEMENT

26 mars 97

Le directeur de niveau vient de procéder aux inscriptions au régulier de nos élèves pour la rentrée de septembre. Ces inscriptions se sont déroulées sans que j'en aie été avertie et surtout en mon absence (ma seule absence de l'année, annoncée plusieurs jours à l'avance). Or, Emelyne est la seule du groupe à être admise dans une classe d'adaptation. Elle a reçu sa feuille en même temps que les autres. L'annonce de son classement a été faite à voix haute. Ce qui a provoqué un drame.

Jusqu'ici les directeurs prenaient le temps de communiquer avec les parents, de parler à l'élève...

Cela n'est sans doute qu'un malheureux hasard. Il ne me reste qu'à consoler Emelyne vis-à-vis de qui, étant donné son attitude sérieuse, appliquée, je me sens comme un médecin à qui l'on aurait amené trop tard un patient.

28 mars 97

Les changements qui s'annoncent surprennent-ils vraiment? Ce que certains appellent le grand chambardement apparaît malgré tout souhaitable, le système devant être repensé, réorienté.

Réunion ce soir. Rencontre avec les dirigeants de la commission scolaire pour un exposé des modalités de la restructuration scolaire ainsi que la formation à Montréal de nouvelles commissions scolaires linguistiques.

L'impact des coupures budgétaires, le contexte dans lequel s'effectue le *virage* en éducation confèrent à ces changements un côté inquiétant qui aurait été moindre s'ils avaient été effectués en des moments plus faciles.

Mais ce n'est jamais ainsi que les choses se passent et les mutations actuelles sont accompagnées de l'implacable objectif *déficit zéro.*

2 avril 97

Amener Rosario-Narcisse à délaisser sa propre image peinturlurée. A interrompre la *réflexion* dans le miroir: chaque fin de cours étant en ce moment l'occasion d'y plonger.

Ecouter, mais responsabiliser... Aider à construire une meilleure image de soi (le fond du miroir-étang n'étant jamais que brumes, tourments, décomposition; il n'est pas sûr que de cela naisse la plus belle des fleurs).

Surveiller de près Laura, qui ne cherche que prétextes pour aller se promener. Exiger qu'elle termine exercices et travaux.

Encourager Florence. L'inciter à lire. A la récupération, lui montrer à mieux présenter son travail.

La tendance à se regrouper aux abords de l'école dans son quartier (les Latinos avec les Latinos, les Haïtiens avec les Haïtiens, les Arabes avec les Arabes...) dans l'insécurité, le malheur, la pauvreté, ces phénomènes n'auraient-ils pas tendance à s'accentuer?

Par les années passées, j'ai tout de même constaté que longtemps après la classe d'accueil, des liens amicaux s'étaient maintenus. Ces amitiés adolescentes, chacun sait à quel point elles sont vitales pour l'identité, c'est-à-dire l'ancrage minimum dans sa propre vie.

A cause de cela, le facteur temps devrait demeurer un élément important à considérer dans l'intégration des allophones. Le temps au moins d'atterrir. Le temps de se trouver à l'intérieur d'une vraie communication. A moins que vivre ne soit plus que cela: se *conformer,* être *opportuniste* au milieu de l'indifférence ou encore se comporter en délinquant dans ce monde aveugle qui ne connaît personne.

5 avril 97

Dans mon carnet, je retrouve ce poème, écrit il y a quelque temps. Je lui avais donné pour titre: *L'homme-poubelle*, cela aurait pu être aussi bien: *L'enfant-poubelle*.

> *au béton des castes*

> *n'être jamais*
> *qu'une voyelle impure,*

> *une mèche d'absence*
> *rouge,*

> *un crâne tatoué.*

> *n'être au béton*
> *qu'une narine esclave*

> *

> *la peau du béton*
> *blanc-arc-en-ciel*
> *utilisée, jetée*

> *brandit l'oriflamme*
> *le corps-corps*
> *blason*

6 avril 97

Les activités hebdomadaires de rapprochement entre anciens et nouveaux (jeux, sport, discussions, participation à des sorties et spectacles) sont l'occasion une fois par semaine, pour plusieurs élèves de l'Accueil mais aussi du régulier, de rencontres intéressantes.

Ces rencontres déboucheront sur une excursion à Québec au mois de mai. Les réservations ont été faites avant même que nous ayons la certitude d'obtenir le budget. Mais l'important est d'y croire, n'est-ce pas?

(Les prochaines années, sans doute, nous faudra-t-il dès le début de l'année prévoir des activités, trouver des moyens de financement.)

7 avril 97

Mes élèves et moi assistons à un spectacle présenté par des élèves du régulier. Au micro, une jeune fille appelée Solima a commis plusieurs fautes graves de français en présentant les numéros.

Bertrand, mon voisin de gauche, son titulaire de français me dit: «Le français, Solima s'en fiche; elle ne cache pas son intention de s'inscrire au Cégep anglais».

«C'est pour les notes qu'elle travaille», poursuit-il désabusé.

«Plus tard, ce sera uniquement pour le pognon», voilà ce à quoi je pense.

A Bertrand, je précise que Solima n'est pas une de nos anciennes élèves d'Accueil!

8 avril 97

Face à de nouvelles menaces d'importantes coupures budgétaires, retentit ce cri: «Notre profession est menacée!»

Réunions syndicales, consultations se succèdent. Que va-t-il être décidé?

Lors de la dernière rencontre syndicale, un point positif, au moins, est à noter: parmi les professeurs, les *vieux* (dont je fais presque partie), un nouveau candidat a été élu. Il s'agit d'un professeur à l'éloquence remarquable, ce qui dans la tribu d'enseignants que nous sommes, n'est pas négligeable!

Ses idées pertinentes peuvent à mon avis aider à rassembler les syndiqués. En outre, les revendications du nouveau candidat rejoindraient celles des jeunes professeurs.

Notre syndicat local ferait-il preuve de plus d'originalité que le grand corps montréalais, central, et souvent conservateur par le passé?

Gina m'apprend que sa famille vient de recevoir un avis de déportation. Grande est sa détresse, sa frustration; il y a peu de temps, elle s'est fait un ami de cœur.

Moi qui me réjouissais de la voir enfin *accrochée*, intéressée!

10 avril 97

L'idée de la grève a fatalement été écartée. Notre moyen de *lutte* sera le suivant: publicité dans les journaux afin de mieux faire comprendre au public les enjeux de l'éducation. Soupir!... En être réduits à ce point!

A la suite des discussions avec le ministre, les enseignants ont finalement obtenu gain de cause: le nombre d'élèves par professeur ne sera guère augmenté. Un plan permettant de nombreux départs à la retraite nous a par ailleurs été exposé. Cela risque d'entraîner un vide; et, malgré tout, le niveau de culture des jeunes professeurs est insuffisant.

Du reste, qu'advient-il du passage d'expérience entre vieux et jeunes? Ces départs hâtifs ne ressemblent-ils pas trop à un paquet plus ou moins bien ficelé qu'on lancerait en disant ceci: «Toi, le jeune, attrape, ton tour est venu; moi, je ne veux pas rater cette aubaine qui m'est offerte!»

15 avril 97

Des descendants d'esclaves: Haïti, inquiétude noire dans l'hiver blanc, j'ai connu. Et je revois cet appel, au fond d'un regard, brillant, les yeux d'Odalie, quatorze ans.

Ce cri de désespoir, une lettre, dès le premier jour, m'avait bouleversée: «Aide-moi, je suis trop maheureuse, je vais me tuer!»

Au bras, une large trace de brûlure: «C'est elle, elle m'a lancé le fer à repasser!», s'est plainte Odalie.

Plusieurs années plus tard, Odalie, les cheveux savamment tressés, m'apparaît encore telle que cet autre matin: une princesse, une infante à la peau d'ébène.

Pourquoi s'est-elle maquillée ainsi aujourd'hui?

Sur ses lèvres, un rouge sang, rouge brillant, rouge passion. A ses oreilles de superbes pendants dorés, sertis de faux rubis. Peu importe la teneur des joyaux... Quand bien même ils seraient en plastique... Mais dans ses yeux ce matin, un extraordinaire éclat. Reine et femme. Oui, tellement femme tout à coup est Odalie!

Durant des semaines, j'avais essayé: la travailleuse sociale, l'ADPJ... les organismes. On ne pouvait pas grand-chose, et seulement les conseils d'une collègue et amie haïtienne (ma cousine, ainsi que nous aimons entre nous nous appeler, puisque nos mères portent le même nom) avaient vraiment aidé à protéger Odalie.

— Ils vont me tuer, m'avait confié l'enfant effrayée, s'enfermant dans la classe le midi.

— On va te suivre, t'apprendre le silence, demain, avec nos bâtons de base-ball, tu vas voir!

Telles avaient été, la veille, les paroles de l'ami de la mère, apprenant qu'Odalie m'avait parlé: un immigré accusé de tentative de viol risque la déportation. Furieux, il venait en effet de téléphoner à ses amis, les appelant à la rescousse afin de punir la coupable Odalie.

Au milieu de ces enfers personnels, donner mes cours. Enseigner la littérature en pleine tourmente caraïbe, comme autrefois les missionnaires devaient donner l'hostie, passer un peu de baume sur les plaies des malheureux... En cela aussi a consisté mon métier, ces dernières années.

...A la poésie, j'avais éveillé Odalie. J'ai gardé un de ses poèmes au parfum des Antilles; un de ses poèmes illustré de fleurs aux riches couleurs, cadeau de la petite fille bientôt femme. Pour le retrouver, je n'aurais pas longtemps à chercher.

(Un jour, ma jeune élève me confiera; «Grâce à toi, je suis heureuse, heureuse quand j'écris des poèmes; ça me fait du bien d'écrire. Je crois que maintenant j'en écrirai toujours.»)

Lire aussi lui faisait du bien; elle avait lu aux autres élèves de la classe un long article, résultat d'une enquête comportant des témoignages d'enfants, de jeunes filles battues, maltraitées.

— Odalie, ça ne te dirait pas de devenir travailleuse sociale?

— J'sais pas, répondait-elle, j'ai pas encore pensé à ça.

— Tu devrais y penser!

Odalie éclatait de rire, en disant cela. Un de ces bons rires à faire fondre toute la neige en janvier. Un merveilleux éclat ensoleillé!

En pensant à Odalie, un coin d'enfance de nouveau surgit.

Le Nord gris et brumeux, ses campagnes (ses villes également) peuplées. Des enfants blonds, de blonds chérubins (pour ce qui est de la couleur toutefois, je ne leur ressemble guère, moi la brune, la «fille de son père», comme on dit).

Les enfants du Nord, pauvres, aimables, candides; manquant par ailleurs de distractions. Avec quelle joie n'accourent-ils pas au-devant du visiteur, de l'étranger! Les grandes familles, dans le Nord, on est habitué; celui qui arrive, après tout, c'est peut-être un cousin!

Affectueux, ils s'approchent, les enfants.

Sans même vous connaître, ils tendent la joue pour un baiser. Familiers, s'assoient sur vos genoux; dociles, ils s'offrent aux caresses, se laissent cajoler.

Odalie... Les enfants pauvres... La sensualité...

Odalie... Le besoin d'affection proportionnel à l'intensité du malheur vécu.

...

Mon enfance à moi n'était malgré tout pas la misère. Simplement la pauvreté. La pauvreté, la simplicité, et la richesse du nombre, la richesse de mes instituteurs communistes*, les instituteurs dévoués de mes premières années du secondaire. L'école seule capable de me rattacher, de m'offrir l'espoir de grandir.

---

* A l'époque, on trouvait encore des idéologues français valables. Plusieurs de mes enseignants et surtout mes directeurs étaient de ceux-là qui se sont entièrement dévoués pour les jeunes. Mais l'appartenance politique du directeur et de sa femme leur a valu des ennemis; ils ont dû quitter ma région natale à majorité UDR. Jamais par la suite l'école n'eut de direteur aussi compétent, dynamique, aimé. Rares sont les vrais chefs, mais essentiel est l'idéal pour éduquer les jeunes. Cet idéal-là, relié à une époque, est mort bien entendu. Du reste, après la guerre, dans l'éloignement du *Mur* il fallait transformer la peur en oubli, en beauté (Cf. N. Huston: *Désirs et réalités*); ce que nombre de communistes français n'ont pas manqué de faire, devenus d'aveugles adorateurs de Staline, cet autre Hitler.

L'école, mon éveil, ma chance de tourner le dos au malheur. L'école publique, ma fierté, ma dignité

A travers mes lointains ciels gris, écrasants, mes bruines natales, Odalie, tes périls, je les ai aperçus.

– Ma virginité? J'en ai rien à foutre, m'avais-tu dit.

De petites jeunes filles montréalaises, combien y en a-t-il qui dansent sur une table, combien se font tripoter par de grosses mains sales...

Danse à dix piastres, à quinze piastres, à vingt piastres. Comme vilaines taches. Comme empreintes dégoûtantes. Comme avenir délibérément souillé, gâché.

Pays de rêves, dites-vous!

La vie des jeunes filles, des jeunes garçons, leur dignité, cela n'a donc aucun prix?

Danseuses à gogo partout. Il suffit en ce moment de parcourir d'est en ouest la Sainte-Catherine (il y a quelques années, la prostitution n'avait ses quartiers que dans le centre est!). Il suffit d'aller se promener là où s'effectue le travail. Ces *filles de joie* n'ont pas toujours le physique de l'emploi. Des femmes aimables, pas toujours si joyeuses que cela.

Laisser-aller. *Dropping-out*, abandon scolaire.

Pour de nombreux adolescents, pas de champ des possibles. Et les rêves, les colonnes de rêves, le rêve américain, le rêve urbain finissent ainsi.

C'est cela beaucoup, cela trop, le monde, cela trop Montréal, pour des enfants qui seraient tellement mieux à l'école!

...Brusquement, Odalie, je t'ai perdue de vue. Vous aviez déménagé à Laval. De temps en temps, tu me téléphonais, me donnais des nouvelles.

– A la maison, ça va?

– C'est un peu mieux qu'avant, pas beaucoup mieux, me disais-tu, mais je vais essayer de réussir mon secondaire II. Si au moins j'étais bonne en maths! (les maths en effet, demeurent souvent la lacune des filles).

Tu n'appelais plus... C'est moi, un jour, qui ai appelé, et c'est elle qui a répondu au téléphone. Elle avait décidé de t'envoyer au pays (un voyage, une visite aux grands-parents; ceux qui, il y a de cela un an et demi, s'étaient débarrassés de toi). Ses quatre autres petits, il faut le dire, l'accaparaient suffisamment.

Mais de toute façon, toi, Odalie, tu ne pouvais plus vivre avec elle. Toi, devenue sa rivale.

A cause de ce poème, écrit pour la fête des Mères et que tu m'avais lu avant de l'offrir, j'avais compris. Fallait-il que tu sois femme, fallait-il que tu l'aimes et la haïsses, cette mère, pour écrire de si belles et si terribles choses!...

Parfois, je pense à Odalie.

– Qu'es-tu devenue jeune fille? Fille-femme, fleur capiteuse, tôt épanouie; accrochée à ton poème-passion, dans ton enfer ensoleillé, Odalie, jeune femme, que deviens-tu?

18 avril 97

«Enseigner est avant tout sauver sa peau». L'opinion exprimée par Victor, professeur d'anglais en secondaire III, serait celle de plus d'un professeur du régulier (Victor a décidé d'enseigner au IV l'an prochain, son ancienneté, espère-t-il, lui permettra de choisir les meilleurs groupes).

Au régulier, trop souvent, les élèves se montreraient très peu intéressés! De l'avis d'autres collègues aussi, la chimie des groupes est souvent ainsi!

Par ailleurs, se montrer exigeant, surtout en ce moment de fatigue printanière, équivaut à être considéré comme un bourreau.

On conteste, on dit n'importe quoi. On empêche les autres étudiants de travailler. Ensuite, lorsqu'est venu le temps de recueillir le fruit gâté d'un non-labeur – c'est-à-dire la mauvaise note –, on dirait que le diable vient de surgir d'une boîte à malice.

La réalité, on la reçoit en plein visage. Il va falloir rendre compte aux parents, à ces emmerdeurs d'adultes, ces empêcheurs de «buller», de tourner en rond.

La paresse est bien plus séduisante à cet âge, comme chacun sait, que l'activité! Alors on vocifère, on exprime sa rancœur. On incrimine celui ou celle qui se trouve au-devant de la classe.

– Osti d'foll'! Sadique!

– Le tabarnac! Le krisse!

– La salope!

– M'a l'étamper!

Ces paroles, entendues cette semaine dans le corridor adjacent à ma classe – et prononcées par des élèves du régulier, s'adressaient à plusieurs professeurs du secondaire III.

Le respect n'est plus ce qu'il était, aurait dit mon grand-père et mon père après lui...

La plupart des enfants ont appris à avoir à leur service télé, frigo, télé, robots. Les parents ne sont plus que ceux avec qui on négocie l'achat de biens de consommation.

Plutôt que de vivre leur enfance, plutôt que d'acquérir ensuite le sens du devoir et des responsabilités, les jeunes singent les adultes. De bonne heure, ils affirment leurs droits de consommateurs plutôt que leurs devoirs de citoyens dignes et fiers (le seul droit est en fait celui de «Vilains Pingoins»: le droit d'être désagréables, *le droit d'chialer!*)

Il y a en effet, un tel intérêt à ce que les enfants aient très tôt des réflexes de consommateurs. Qu'ils imposent leurs exigences!

Je n'hésite pas à le décréter: être parents, éduquer, désormais, c'est *résister*.

Résister à l'écoute de la télé, à l'achat trop tôt de jeux du genre Nintendo. Il vaut mieux accorder la priorité au développement d'autres habiletés, comme l'adresse sensori-motrice chez les petits enfants, élément capital dans le développement, et relié à la socialisation, l'autonomie, à l'équilibre de l'individu.

Les études sur les méfaits de l'ordinateur et les jeux vidéos (les jeux *trois D,* leur terrible impact chez les très jeunes enfants, ou lorsque consommés sans contrôle), devraient faire l'objet de conférences publiques, de nombreuses mises en garde. On devrait l'exiger.

Résister à ces avalanches de cadeaux reçus à Noël; *matantes* et *mononcles,* grands-papas et grands-mamans pouvant jouer un autre rôle que celui de gaveurs-pourrisseurs innocents et bien-mal intentionnés.

La consommation est une guerre, un mal insidieux contre lequel il faut s'armer. L'ennemi bombarde les acheteurs, misant sur la solitude tout autant que sur le mimétisme grégaire. Traîtreusement, il table sur le «mes-copains-l'ont-je-le-veux!»

Parents d'abord, éducateurs ensuite, déclarons-nous *résistants*.

De nos cavernes chauffées, de nos décors tièdes, du fond de notre recul individualiste (phénomène aussi familial), évadons-nous.

Appliquons-nous, avec nos enfants, à redécouvrir le savoir-faire-à-partir-de-peu.

Parions sur la réflexion, l'originalité, la solidarité!

L'avenir est un fantôme dans les brumes de l'urbanité. Le souci permanent, la vigilance de tous les individus pourraient seuls lui donner un visage.

La fraternité..., l'éveil de la conscience, l'implication*, la créativité; de tout cela, nous aurons besoin dans nos écoles et à divers niveaux de la société.

Le Québec, porteur d'une nouvelle utopie francophone, pourrait-il à la fois tenir compte de ses sources tout en évoluant?

Toutefois, en l'existence de groupes fermés, de nombreux intérêts privés, on risque d'assister à de multiples affrontements pour le pouvoir et l'argent. Et cela ne peut que nuire à la cohésion, à l'idéal commun.

Du reste, la question constitutionnelle est restée en impasse. L'indépendance du Québec n'est toujours pas réalisée.

23 avril 97

Dernières nouvelles au sujet des changements futurs en éducation:

---

* D'après les statistiques parues à l'automne 1997, dans le bulletin de la CEQ, 40% des jeunes Québécois fréquentant les écoles publiques secondaires seraient impliqués dans divers comités.

A l'avenir, on donnera les pouvoirs à l'école. Des comités d'établissements* seront créés, qui auront pouvoir de décider tant en ce qui concerne les manuels qu'en matière de pédagogie (décider de l'importance à donner à certaines matières, des livres à choisir, cela sera-t-il du ressort des parents?)

L'école publique appauvrie, mais autogérée. L'école publique qui ne brillerait que par la Réussite, l'Excellence!

Tel établissement serait réputé pour former des basketteurs (et vivrait grâce à la commandite de Telle entreprise, peut-être?) Dans tel autre établissement, le labo informatique serait une gracieuseté d'IBM (ils le sont déjà)!

Tel enfant qui lira beaucoup obtiendra en échange des bons pour manger au restaurant Pizza-machin-chouette; on peut présumer que la qualité des livres lus sera proportionnelle à la qualité des repas ingurgités!

La concertation, l'engagement, les choix judicieux (dégagés d'intérêts financiers) revêtent pourtant en ce moment une importance tout à fait cruciale pour l'avenir de l'école publique!

Dans le Québec des grands virages et des grands chambardements, le Québec essayant de vivre sous le ventre du géant américain, le libéralisme apparaît comme une terrible épée; les coupures n'étant peut-être que le sabre de Damoclès!

Dans notre école, un horaire nouveau pour l'an prochain vient d'être proposé par le comité des professeurs: périodes de soixante-quinze minutes, et une période de lecture hebdomadaire obligatoire de quinze minutes. L'horaire est refusé par l'assemblée.

Chacun prêche pour sa paroisse, sa matière. Un professeur de dessin a proposé de faire dessiner les élèves chaque jour...

J'assiste également à une réunion de notre comité APO**; l'an prochain, nous aurions un local d'écriture équipé d'ordinateurs.

---

* Juin 1998: Depuis nombre d'années, on parle de l'école autogérée comme modèle d'avenir. Ces comités seraient cette fois l'occasion, pour les enseignants, de prendre la parole, d'agir.

** Applications pédagogiques de l'ordinateur.

Nous n'étions que deux professeurs de français dans ce comité. L'intérêt reste donc tiède, mitigé. La conversion prendrait un peu de temps... (?)

28 avril 97

D'autres nouvelles pleuvent, telles qu'on les attendait: plus d'éducateurs-conseillers. Un poste d'orienteur, un poste de psychologue supprimés. L'agent de liaison assumant le lien avec les familles émigrées voit également son poste aboli. Un directeur de niveau en moins.

Le changement d'école pour notre département d'accueil semble s'annoncer. Là n'est pas le problème, toutefois. Quitter un pays, changer de maison, me défaire de mes meubles ou effets personnels, exercer des activités différentes (des métiers), cela fut mon habitude. Des changements d'école, de niveau d'enseignement, combien en ai-je autrefois connus?

Dans l'étroit corridor, Cristina, une jeune collègue du régulier affronte Ahmad, un élève de la classe d'accueil voisine. Ce dernier aurait refusé de lui obéir alors qu'elle demandait de vider les lieux. Vu la petite taille de Cristina, vu la carrure d'Ahmad et son air fâché, je crains pour elle; mais Zorro-Youssef arrive heureusement et emmène le coupable dans son bureau!

L'aventure de l'Accueil ne saurait se limiter à de longues journées consacrées uniquement à l'apprentissage de la grammaire et de la langue françaises. Cela consiste aussi à réinventer son pays, à redevenir un peu ces découvreurs-inventeurs de la Nouvelle-France...

Les réunions et activités d'échange entre élèves se poursuivent également. Notre projet sera couronné par l'indispensable visite-excursion dans la Vieille Capitale.

2 mai 97

Lecture de contes écrits par des élèves d'accueil devant une autre classe; *l'autre classe* en question nous lira à son tour les siens.

C'est fou ce que certains élèves écrivent bien! On aurait presque envie, Eric et moi, de se «péter les bretelles»...

Nous écoutons ensuite l'exposé de Malika: «La femme nomade devait être forte, elle devait à la fois se montrer hospitalière envers l'étranger, l'accueillir, lui donner à manger; tout en sachant se faire respecter et le cas échéant, repousser ses avances».

«Je suis née au bord du désert, dans une tente de Touareg», annoncera Malika, non sans fierté, en guise de conclusion.

...

Sommes-nous nomades dans le désert des villes? Plutôt, vis-à-vis de ces *squatters* qui ne demandent qu'à occuper notre espace, à habiter nos cabanes meublées, chauffées, sommes-nous ouverts, hospitaliers?

Face au *reste* du monde, au contraire sommes-nous, serons-nous bientôt *paranos?*

Ce monde, nous lui imposons nos lois, le visitons à toute vitesse. Quelle n'est pas notre hâte ensuite de retrouver nos petites habitudes! Du reste, nous ne nous habitons pas. Vis-à-vis de nous-mêmes, nous manquons d'exigence.

Pourtant, ne pas s'habiter, ne pas se soucier de son devenir, c'est mourir.

6 mai 97

Quatre heures du matin.

Me lever. Corriger ce paquet que, fatiguée, j'ai laissé traîner la veille (vouloir qu'ils s'instruisent, ceux qui me ressemblent; vouloir contribuer à améliorer leur sort).

Bientôt, me consacrer aux révisions, à la préparation des examens... Sous peu, les excursions, quelques projets de fin d'année...

Une fois par semaine a lieu l'activité de *l'île* qui se déroule en équipes selon la méthode de la coopération dont je prends soin en début d'année d'enseigner les principes.

Mais dans l'équipe composée d'Ali, Elisabeth, Teresa, Azim, le désaccord s'est installé. Teresa s'est assise en retrait, boude. Ali, énervé, s'est levé.

– Il est important que vous discutiez, trouviez vous-mêmes une solution, afin de continuer votre histoire.

Dans l'équipe, Teresa joue le rôle d'intermédiaire. Elle vient au bureau où je me suis assise pour l'occasion, et je lui redonne la feuille explicative que l'animatrice Elisabeth, lira à voix haute afin de rappeler le fonctionnement prévu selon les principes de la coopération.

A cela se bornera mon intervention. Dans ce but, je sors de la classe.

Lorsque je reviens, deux minutes plus tard, j'entends ces paroles d'Elisabeth: «C'est difficile avec toi Ali, tu n'écoutes personne, *tu prends les devants*!»

L'accusé, véhément, à son tour accuse Azim: «Lui, tu ne lui dis rien, *il ne participe pas*; alors moi je fais le travail».

«Toi tu ne me laisses pas parler, *tu ne m'écoutes pas*, mes idées ne t'intéressent pas!», proteste Azim. Teresa: «J'aimerais qu'au moins, depuis le temps qu'on se connaît, *tu m'appelles par mon nom*, que tu me regardes quand tu me parles!»

Finalement, le travail a repris. L'équilibre semble rétabli, pour le moment du moins.

Ne pas oublier de leur parler de la fête des Mères, car c'est bien le deuxième dimanche de mai qu'a lieu la fête de Mères au Québec.

Au primaire, on fête les mères; après, on a tendance à les oublier. *La mère*, de Gorki, est parmi les titres recommandés à mes étudiants. Mais cette lecture leur est difficile. Du reste, de nos jours, qui lit *La mère* de Gorki?

Pour moi-même, relire cet extrait:

[...] Mais elle craignait de ne pouvoir assez admirer son fils, qui soudain s'était révélé à elle si intelligent... encore qu'un peu étranger [...]

En Argentine, il y a *La place de mai*, où se réunissent les mères sans nouvelles de leurs fils disparus.

Chez nous, pas de torture, simplement un assez bon nombre d'enfants suicidés, drogués, liquéfiés. Un nombre élevé d'élèves qui décrochent.

La fête des Mères du Québec me permet de ne pas oublier d'envoyer mes souhaits à ma propre mère. Car, en France, cette la fête a lieu non pas le deuxième dimanche, mais le dernier dimanche de mai.

Au mois de juin, également, ne pas oublier d'inciter mes élèves à souligner la fête des Pères.

25 mai 97

Lorsque j'ai interrogé les élèves au sujet du transfert d'école, les avis était partagés: «Aller là-bas, c'est ne plus sortir de mon quartier!», m'a avoué Reynaldo. «J'aurai encore moins l'envie de faire un effort pour parler français». «Au moins, je pourrai rentrer chez moi le midi», dit Ali, «et ma mère va me surveiller davantage».

Le déménagement permettra néanmoins de réaliser des économies de transport. Cela devrait aussi permettre d'agir en interaction avec les ressources du quartier.

Au sujet de cette nouvelle école, à forte concentration ethnique, je me suis renseignée. Elle jouit malgré tout d'une assez bonne réputation.

En cette fin d'année, mes proches collègues et moi préparerons le déménagement.

16 juin 97

Plusieurs professeurs sont réunis, gravement discutent.
– Quoi?
– Il y aura deux classes en moins à chaque niveau de secondaire dans notre école, l'an prochain.

La cause de cette diminution serait normalement la dénatalité... Mais il n'y a pas que la dénatalité: dans ce quartier en particulier, les parents choisissent l'école privée. Leurs raisons, serait-ce la présence d'immigrés?

L'alibi serait aussi le suivant: en Amérique ce qu'on ne paie pas de sa poche ne peut être bon. En la crise qui sévit, les parents du secteur se trouveraient-ils justifiés de continuer d'envoyer leurs jeunes à l'école privée?

26 juin 97

Nous voici en train de terminer les boîtes pour le déménagement.

J'ai soudain le cœur gros en pensant à certaines personnes que je vais quitter et avec qui il m'était agréable de travailler.

Mes consœurs et confrères: Camille, Jeanine, Gisèle; Alain, Farid, professeurs de mathématiques, Claudie, d'Arts Plastiques, Mathias, d'écologie...

Sylvie, notre adorable secrétaire, si aimable envers ceux qui venaient s'inscrire! Elle qui n'avait eu l'occasion d'apprendre une autre langue, avait toujours à la main son dictionnaire espagnol. Elle parvenait à se débrouiller, savait mettre à l'aise les parents, les accueillir chaleureusement.

Youssef, notre super éducateur-conseiller. Son aspect débonnaire, son abord sympathique, chaleureux, sa grande fermeté n'avaient d'égales que son empathie envers l'étudiant.

Huguette, notre aimable bibliothécaire, disponible, curieuse de toute nouveauté, sachant bien s'organiser...

Le moment de l'émotion passé, je me dis qu'il est temps après tout de bouger un peu. Ces dernières années ne m'étais-je point trop fixée?

28 juin 97

Nous avons visité la nouvelle école: *L'Ecole Fraternelle,* discuté avec de nouveaux collègues. Au directeur, dynamique, très présent à ce qu'on dit, et plein de bonhomie, nous avons été présentés; ce capitaine de bateau serait capable, rapidement, de décider...

«Malheureusement», nous dit ce jeune collègue, «il prendra bientôt sa retraite.»

Dans cette école, les élèves seraient incités à s'impliquer à l'intérieur d'activités nombreuses qui leur sont offertes; du temps à l'horaire est prévu pour cela. En outre, services de pastorale* et intervenants-jeunesse seraient mis spécialement au service des nouveaux arrivés, leur apportant le soutien, la présence chaleureuse d'adultes, offrant également à ces jeunes la possibilité d'activités récréatives le midi. De nouveaux locaux, connexes aux classes d'accueil, auraient été prévus à cet effet, de sorte que les nouveaux, au lieu de traîner aux abords de l'école ou aux casiers, soient immédiatement pris en main.

La langue des corridors et lieux publics est maintenant le français (il y a dix ans, dans les corridors de cette même école, c'était paraît-il l'anglais).

Un point noir: la petitesse des locaux prévus.

30 juin 97

Une émouvante cérémonie d'adieux se déroule à la bibliothèque. Afin de souligner le départ d'un très grand nombre

---

* A son époque, Simonne Monet-Chartrand déclarait vouloir être laïque à l'intérieur de l'Eglise. Il me semble maintenant qu'il faudrait des chrétiens à l'intérieur de l'école laïque. Un grand besoin de spiritualité est ressenti chez les jeunes Français de l'école laïque comme chez nos jeunes; cela irait de pair avec les cours portant sur diverses religions.

d'enseignants à la retraite, fleurs et cadeaux sont offerts (je reçois moi-même un superbe bouquet).

Des discours sont prononcés.

«L'Accueil, c'était un gros morceau», dira Alain dans son texte en alexandrins, composé pour la circonstance, «beaucoup d'enseignants ont gravité autour du département de l'Accueil, et pour tous ce fut une richesse.»

«Les portes du changement s'ouvrent de l'intérieur», déclare Claudine, ayant décidé de travailler à son compte dans le domaine de l'édition; sa demi-retraite lui servira de base monétaire pour un nouveau démarrage.

Albert, professeur d'arts plastiques souligne l'importance des rituels, pour nous comme pour les jeunes: «Des rituels comme celui-ci pour souligner les départs, il n'y en pas assez!», dit-il.

«J'ai aimé ce métier plus que tout autre; les occasions de servir ne sont pas aussi grandes ailleurs». Tels étaient les mots de Rodrigue, (mon) professeur d'informatique.

«Le bateau coule, les rats quittent la cale»; ce sont les paroles de Simon, professeur de musique, ayant décidé finalement de prendre sa retraite.

MA CHERE FRANCA,

Lorsque j'ai commencé à vous écrire, je me demandais où cela me conduirait. Pendant longtemps, je vous l'avoue, ces notes étaient surtout anecdotes et faits récoltés à la hâte.

«Ecrire est écrire à quelqu'un». Aussi n'ai-je pas tardé à souhaiter que cela devienne message.

Très tard, le soir, lorsque je m'asseyais face à la page, à l'écran, j'avais un peu l'impression de me comporter en gentille écolière. Mais il n'est jamais trop tard, n'est-ce pas Franca, pour reprendre ses devoirs? Ne riez pas de moi! Ne riez pas de ma naïveté.

Ces dernières années, au hasard de réunions, dans les corridors de l'école, nous nous sommes croisées, rencontrées. Vous étiez telle et vous étiez autre. Aspirante professeur, étudiante à l'université, élève; intriguée, attirée par ce beau métier.

Lors de colloques, nous avons échangé, et je dois vous dire que le sentiment d'une présence jeune m'a redonné de l'élan.

Une autre fois, vous êtes devenue stagiaire. Ensemble, quotidiennement, nous avons pu travailler, et ce fut l'occasion de discussions intenses. Vous n'aviez qu'une hâte: me dépouiller. Cela me fut également révélation et bienfait.

En quelque sorte, vous preniez votre place tout en m'accordant l'importance que notre époque, avide surtout d'immédiateté, ne reconnaît plus aux humains: celle de la présence, de la confiance accordée à la jeunesse, mais aussi celle de la transmission des acquis de l'expérience, et de la connaissance.

Ensemble, nous redécouvrions l'importance des relations entre jeunes et moins jeunes.

Car à quoi bon nier le vide entre nos générations? A présent, je vous retrouve et redécouvre ma maternité.

A la lueur de ces rencontres, j'ai compris que j'avais encore un rôle à jouer. Je vous le déclare aujourd'hui, Franca, je me soucie de vous, et tiens à vous accompagner.

Cette première expérience d'enseignement, Franca, vous l'avez trouvée passionnante, malgré les difficultés rencontrées; la société étant ce qu'elle est.

Armée, vous l'êtes de plusieurs manières. En plus de posséder créativité, dynamisme, vous connaissez deux ou trois langues. Enseigner plusieurs matières et niveaux ne vous fait pas peur...

Curieuse, vous l'êtes, et vous réalisez l'importance du savoir.

A dessein, j'ai mentionné le nom d'une des premières institutrices de la Nouvelle-France, une sorte «d'enseignante sans frontières»*: Marie Guyard ou Marie de l'Incarnation. Savez-vous qu'elle fut ouvrière, aventurière, femme d'affaires; qu'elle avait de plus appris quatre langues amérindiennes?

Citoyenne du Québec, citoyenne du monde, vous vous déclarez. Ce qui vous permet de rejoindre nos jeunes sur leur propre terrain, de les guider ensuite dans leur adaptation, leurs découvertes, leurs apprentissages.

---

* Dans *Marie de l'Incarnation*, F.Deroy-Pineau, Ed. R. Laffont, 1989.

L'enseignement n'est pas une chose qu'on administre, pas une cure, pas un élixir au goût plus ou moins douteux (pas une vilaine potion à faire ingurgiter à un malade). Instruire normalement, bien plus que réparer les dégâts, c'est mettre au monde, assurer la santé.

La santé, me direz-vous, à l'époque du «tout-prêt-juste-à-réchauffer», à l'époque où les écarts se creusent entre les bien-nourris et les autres, n'est rien d'assuré («ma santé», pensez-vous à l'instant, «c'est cela qu'à l'avenir je vais devoir protéger!»).

...Franca, je vous vois jouer avec l'Internet; cela fait maintenant partie de nos vies, le Québec en fait la promotion. A la recherche de documents, vous papillonnez. Intelligente, vous me semblez néanmoins un peu perdue et, sur certains points, démunie...

...Mais qui suis-je, au fait, pour m'adresser à vous ainsi?

Une petite institutrice, rien de plus, une institutrice point meilleure qu'une autre, n'ayant seulement guère l'habitude de se résigner. Voyez mon impudence, mon insolence à vouloir écrire ces carnets!

Dès le départ, néanmoins, j'avais eu l'idée de m'adresser à une jeune institutrice (c'est ainsi personnellement que je tiens à nommer ma profession). Cette institutrice, je la nommai Franca. France, Franca. Peu importe. France est un prénom tout à fait québécois, néo-québécois, et cela s'associe toujours à un désir québécois de préserver la langue française (si vous étiez un homme, j'hésiterais toutefois à vous appeler Franco!)

Ce que j'ai découvert, ce que j'ai cru découvrir, lorsque le hasard fit que je devins Québécoise, en même temps qu'un petit homme, appelé René, admirable dans sa modestie et son intelligence, c'était peut-être une sorte d'idéal, d'utopie.

La francophonie est-elle une utopie, comme le latin d'Erasme le fut en Europe? Les utopies, il en faut malgré tout, car sans elles il n'y a pas, il n'y a plus d'humanité.

Enseigner au Québec, décider d'y rester après l'élection de René Lévesque, à mes yeux, cela tenait encore de l'idéal.

Parce que j'espère la nouveauté, parce que je sais qu'au Québec, traditionnellement, on a su se surpasser, je ne regrette pas ce choix de patrie que j'ai fait.

Mais telle est aujourd'hui notre arrogance, à nous pays développés qui nous imaginons encore être les maîtres, qui croyons avoir tout trouvé! Le temps est venu, peut-être, de mesurer ce que nous avons perdu et de nous efforcer de le retrouver.

La présence de gens dynamiques, dévoués auprès des jeunes a toujours été essentielle.

Gardez votre ferveur, Franca. N'abdiquez jamais. Notre société est malade, malade; en mal d'engagement, de réflexion, d'orientations véritables. Comme durant une guerre, il importe de se serrer les coudes, de se tenir, de résister.

Mais que se passe-t-il?

Franca!... Franca... A l'instant vous me lisiez, et puis je vous ai perdue; seriez-vous hostile à mon endroit tout à coup, prête à m'abattre? Cette mère lointaine, indigne, qu'elle aille donc se faire voir!

Ah!... j'oubliais... Entre vous et moi existe une liste, une liste d'ancienneté derrière laquelle vous disparaissez; à mon tour, je n'aurais plus de poste et devrais me reconvertir?

Tant pis, Franca. Ancienne *baby boomer*, comme vous dites, femme libérée pour mieux consommer, je n'ai guère de choix que celui de continuer à vous écrire, quitte à me rendre ridicule. Et par cette lettre assumer ma part d'inquiétude, comme devoir de lucidité.

En écrivant cette histoire, celle de nouveaux Québécois, nouveaux Montréalais – également mon histoire d'immigrée, atterrie au Québec où je suis devenue femme et mère –, l'écrivante accompagnant l'institutrice aura au moins tenté de faire le point.

Dans cette optique, délaissant tout autre projet, je me suis adressée à vous.

Le passé s'apprend, se regarde, et dans la mémoire comprise, les lendemains essaient de se créer.

Pour l'avenir, souhaitons-nous de savoir garder l'œil ouvert et le bon!

Sur ce, je vous dis «Salut», Franca, «Salut», mon héritière, car vous l'êtes avant tout. Oui, vous êtes le peu qu'il me reste, mon espoir, ma survivance, et je vous dis «Courage», Franca.

Moi qui suis toujours institutrice, professeure, enseignante (moi que l'avenir intéresse, et qui pourrais aussi bien être grand-mère), à nous deux, je dis: *Inch'Allah!*

POST-SCRIPTUM

Tu l'as compris: j'ai enfin obtenu ce congé, ce qui m'a confirmé dans mon intention de t'écrire (jusqu'à cette année, à l'endroit où j'enseigne, il était impossible d'obtenir un congé).

Quitter la classe en plein milieu d'année ne fut certes pas des plus faciles (tu dois savoir à quel point on s'attache à un groupe d'élèves et vice versa!) Au moins cela fut-il l'occasion pour un collègue plus jeune de travailler...

(Au sujet de ma lettre, je te propose de réfléchir à cette décision de te vouvoyer tout à coup! un petit exercice littéraire qui t'amusera certainement!)

Tu dois te demander ce que sont devenus les élèves. Eh bien, la famille d'Andrea a quitté Montréal; le père s'est trouvé un emploi à Hull. Florence semble se débrouiller en secondaire I. Laura m'a récemment fait envoyer le bonjour par une amie. Elle se serait quelque peu calmée, s'entendrait mieux avec sa mère, fréquenterait l'église.

Elisabeth est inscrite à l'école des adultes (à cause de son grand retard en maths).

Plusieurs élèves, dont Leïla, étudient en secondaire IV et V, à l'ancienne école.

La mère de Rosario a décidé de rentrer au Mexique avec ses trois enfants.

D'Emelyne, je n'ai pas de nouvelles. (Ecrire cela me donne l'idée de lui téléphoner.)

Malika m'a téléphoné l'autre jour. Elle travaille bien, mais se dit déçue de son amie Sana, qui se serait trouvé un copain «pour le fric», dit Malika, «un Tunisien». Sana va se marier, aller vivre en Tunisie avec lui...

«Tout ce qu'elle veut, c'est s'amuser, faire la belle vie», a ajouté Malika qui ira, comme prévu, passer deux mois l'été prochain en Algérie (je me dis que ce retour lui est sans doute indispensable pour faire le point).

A l'*Ecole Fraternelle*, j'ai retrouvé plusieurs élèves. Je n'en nommerai que quelques-uns. Ali étudie en secondaire IV. Bachir ne s'en sort pas trop mal au secondaire III. Depuis plusieurs mois, il fréquente une jolie brunette et a d'ailleurs tenu à me la présenter. Sais-tu quel est le nom de la jeune fille en question? Eh bien..., simple coïncidence sans doute: elle s'appelle Nadia, comme l'héroïne du livre *Les raisins de la Galère*!

Mais je dois te quitter, car j'ai une lettre importante à lire.
La lettre d'un ami poète.
Une merveilleuse lettre, vivante, intrigante et drôle. Eblouissante de présence, de chaleureuse attention.
Une lettre écrite à la main. Des caractères dansants, personnels, jolis; à l'arrondi amical, invitant.
Une écriture comme il y en a peu de nos jours! Un objet précieux, à garder dans un musée.
Une écriture ailée, sublime. L'écriture-langage d'un oiseau libre de chanter. Un oiseau libre de dire, d'agir et de penser.

Montréal, 2 juillet 1998

POSTFACE

Je ne connaissais pas Nadine Decobert. C'est Gaston Pineau – un homme que je respecte, éminent spécialiste des méthodes qualitatives et des histoires de vie – qui me l'a présentée. Plus tard, j'apprendrai qu'elle est originaire du Pas-de-Calais, qu'elle appartient à la génération venue au monde au lendemain de la Seconde Guerre mondiale. Un matin, Gaston Pineau, ex-collègue à la Faculté d'Education permanente et aujourd'hui professeur à l'Université de Tours, de passage à Montréal, est entré en coup de vent dans le cagibi qui me sert de bureau à la Faculté des Sciences de l'éducation et m'a parlé longuement de Nadine Decobert, de sa sensibilité, de sa qualité d'écriture. Il m'a laissé un manuscrit d'elle, qui est devenu ce livre que vous tenez en main. Je l'ai lu d'une seule traite et je n'attendrai pas la fin de ce texte pour vous dire le fond de ma pensée: je tiens cet ouvrage pour un livre original et utile.

Nadine Decobert est arrivée en 1973 au moment où l'on implante au Québec un ensemble de mesures destinées à favoriser l'intégration des immigrants, mesures qui ont pour noms, entre autres, PELO, programme d'enseignement des langues d'origine et *classes dites d'accueil*, une organisation de la classe destinée à remettre de niveau, tout au moins sur le plan linguistique, les enfants de nouveaux arrivants qui fréquentent les niveaux préscolaire, primaire et secondaire. Alors que le PELO, au point de départ, est dispensé le samedi, les classes d'accueil sont intégrées dans l'horaire régulier de l'élève: 65% du temps est alloué au français (et ceci depuis l'adoption en 1977 de la charte de la langue française, communément appelée la Loi 101, et faisant obligation aux enfants d'immigrants d'étudier en français), 20% est réservé aux mathématiques et 15 % aux autres matières, dont l'histoire.

Pour bien comprendre le fondement et la logique d'une telle mesure il faut se rappeler que, depuis 1970, on assiste à une modification de la composition ethnique de l'immigration en ce sens que celle-ci est marquée par une proportion décroissante d'Européens au Québec et un plus fort contingent de ressortissants en provenance des Caraïbes (Haïti en particulier), d'Afrique (du Maghreb), d'Amérique latine et d'Asie. Cette modification des flux migratoires inscrivait du coup, dans la société québécoise, la problématique des «minorités visibles» et de la diversité culturelle. C'était donc là une question nouvelle qui fit gloser à satiété chercheurs, intervenants scolaires et pouvoirs publics. S'agissait-il là d'un problème social ou d'un défi majeur?

Et c'est là que le livre de Nadine Decobert m'apparaît original, et à un double point de vue: d'abord, pour elle, la présence allophone n'est pas un problème, mais un défi qui d'ailleurs a poussé nombre d'enseignants à développer des stratégies pédagogiques et des techniques qui servent également aux élèves francophones. Dans la foulée de ces innovations pédagogiques, la recherche nous a montré avec conviction les difficultés que peuvent avoir des élèves qui ont un vocabulaire restreint, qui confondent le genre des mots, qui manipulent une autre syntaxe, ou qui, même à coups d'efforts surhumains, n'arrivent pas à prononcer correctement des sons qui n'existent pas dans leur langue d'origine.

Nadine Decobert abandonne ce terrain familier de la didactique – et c'est par là que son livre est également original – pour franchir, au travers de la pauvreté des mots, des signes de tête respectueux et des réponses monosyllabiques, le terrain de l'être. Elle dit, elle le croit et elle le prouve: «On n'enseigne jamais qu'avec ce qu'on est. C'est dire que l'enseignement est lié, plus qu'on ne le pense, aux questions fondamentales, existentielles...» Forte de cette conviction, elle arrive à nous montrer avec passion, chez ces étudiants, la délicatesse et la complexité du trajet migratoire: la nostalgie, les pleurs, la douleur du non-retour, la fatigue de l'émigration (car il y a une fatigue à émigrer), mais aussi le choc culturel sous ses multiples versants: l'éclatement du temps et de l'espace. Migrer ce n'est pas seulement franchir une frontière vers un ailleurs. Migrer correspond souvent à un déplacement dans le temps, déplacement qui voit chambouler le rythme des saisons, le rapport à la faune, à la flore, à la vie, à la fête et à la mort.

C'est cela même que ce journal de bord nous retrace, cette incursion dans le temps et dans l'espace avec souvent, en contrepoint, le pays d'origine que Nadine Decobert se fait un devoir de visiter ou que le hasard des circonstances l'amène à traverser. Ainsi, ses instantanés sur Cuba, l'Arabie, la Palestine, le désert, véritables points d'orgue qui viennent ponctuer, éclairer ou rendre intelligible sa pratique pédagogique.

Livre donc original, mais utile. J'ai cru comprendre que Nadine Decobert prenait des notes depuis quelques années, mais à partir de 1996, elle en a pris systématiquement. Il y a là une façon de faire, un mode de travail éducatif qu'il faudrait inciter d'autres enseignants à imiter, surtout ceux qui sont soucieux d'une réflexion sérieuse sur la finalité de l'éducation et qui, du coup, mettent en question les pratiques établies. Si, ici et là, on déplore qu'il n'y ait pas assez de réflexion dans le champ de l'éducation, la solution, à mon avis, consiste à insuffler aux différentes pratiques éducatives un but, une pensée de la finalité de l'éducation en vue du type de société dans laquelle nous voulons vivre. En produisant cette réflexion à partir de l'expérience humaine qu'elle a vécue, Nadine Decobert nous montre le chemin. Elle a trouvé important de réfléchir sur le pourquoi des choses. Elle en est sortie avec l'impression qu'il y avait beaucoup d'incompréhension de part et d'autre et que de la tolérance à l'indifférence, le gué pouvait être étroit.

Quand Gaston Pineau me remit le manuscrit et qu'il sortit de mon bureau, je me mis à le lire et j'eus quelque peine à le mettre de côté pour m'occuper des choses urgentes de la rentrée scolaire.

Voilà donc un texte original et utile; par surcroît, écrit dans une langue belle et claire comme une eau pure.

Ecrire c'est aussi crier. Nadine Decobert crie sa passion de la pédagogie, son engagement également. Elle crie, mais elle décrit avec discernement et respect de l'autre, l'ambiance exaltante d'une classe d'accueil. La solidité de l'information nous rassure; la précision des observations affermit notre conviction; les perspectives soulevées replacent les véritables enjeux de l'accueil qu'il nous faut inlassablement resituer au centre de notre réflexion et au cœur de nos pratiques. Je souhaite à Nadine Decobert de nombreux lecteurs et lectrices qui, j'espère, trouveront le même plaisir que j'ai ressenti.

EMILE OLLIVIER,
Septembre 1998

TABLE DES MATIERES